Denis Carignan

La paix de l'âme
EN 36 VER$EMENTS

Denis
Carignan
Conférencier

Illustrations de Jérôme Gendreau
jeromegendreau@yahoo.ca

Catalogage avant publication de Bibliothèque et Archives nationales du Québec et Bibliothèque et Archives Canada

Carignan, Denis, 1967-
    La paix de l'âme en 36 versements
    ISBN 978-2-9817064-0-9

Conception graphique et mise en page : Groupe Audaz
Révision et correction d'épreuve : Simon Poulin
Illustrations : Jérôme Gendreau
Page couverture : Vicky Larivière

ISBN 978-2-9817064-0-9

Dépôt légal : 4e trimestre 2017

Bibliothèque et Archives nationales du Québec
Bibliothèque et Archives Canada
Imprimé au Canada

Pour contacter l'auteur :
    Courriel : denis_carignan@hotmail.com
    Site Internet : http://deniscarignan.com
    Facebook : http://www.facebook.com/Denis Carignan conférencier

À Hubert et Émilie,
mes deux plus grands amours,
mes deux plus grandes fiertés.

« La première cause du malheur n'est jamais la situation,
mais nos pensées à propos de celle-ci. »

Eckhart Tolle

« Nul ne parvient à la paix de l'âme
en passant par le contrôle des gens ou des événements. »

Auteur inconnu

« La plus grande partie de la souffrance humaine est inutile.
On se l'inflige à soi-même aussi longtemps que, à son insu,
on laisse le mental prendre le contrôle de sa vie. »

Eckhart Tolle

« S'identifier au mental, c'est lui donner de l'énergie.
Observer le mental, c'est lui enlever de l'énergie. »

Eckhart Tolle

Introduction

Ma recherche du bonheur et de la paix a connu un changement radicalement différent lors d'une nuit de Noël. À première vue, ça ne semblait pas être un beau cadeau de Noël, mais détrompez-vous, c'en était un même si son emballage laissait à désirer.

À cette époque, j'avais vécu un divorce et cela m'avait laissé dans un état où je peinais à trouver mes repères. Ma vie était donc chaotique à bien des égards. Je vivais dans l'épuisement, la frustration, l'anxiété et l'insatisfaction dans plusieurs secteurs de ma vie.

Lors de ce fameux 24 décembre, une personne a eu un comportement qui était pour moi la goutte d'eau qui a fait déborder le vase. C'en était trop!

Je suis donc allé me coucher avec un niveau de frustration jamais atteint jusqu'alors, et il faut dire que j'étais déjà un grand champion dans ce domaine, sans vouloir me vanter.

Cette nuit-là, j'ai dépassé tous mes records de malaise si bien que ma frustration s'est transformée en une colère tellement intense que j'avais l'impression que ma poitrine allait vraiment s'ouvrir physiquement pour laisser exploser ma rage de tous les enfers.

C'en était physiquement et psychologiquement insupportable. Et là, mon cadeau de Noël est arrivé sous forme de prise de conscience qui allait radicalement modifier ma recherche de la paix et du bonheur. J'ai réalisé que j'étais seul dans ma chambre et que, dans la réalité, il n'y avait aucun problème en ce moment. En fait, il ne se passait rien. Mon état intérieur était provoqué par l'activité hystérique de mes propres pensées.

L'autre personne n'était pas présente et son action à la base de ma colère était terminée.

La bonne nouvelle est que ce ne sont pas les gens ou les événements qui déterminent notre état intérieur, c'est nous-même. Ainsi la recherche de la paix et du bonheur ne dépend plus des autres ou des événements! Quelle libération!

Le problème est de maintenant trouver la paix et le bonheur en moi, et ça, je ne savais pas comment y arriver, car on m'a appris que le bonheur se trouvait dans le futur lorsqu'on atteint un but ou dans une relation amoureuse. Dans tous les cas, mon bonheur dépendait des événements ou des gens. Sortir de ce paradigme ne se fait pas en un clin d'œil.

Ce livre vous propose des pistes concrètes et applicables qui découlent de cette fameuse nuit. Je me suis fait aider principalement par les œuvres d'Eckhart Tolle, Wayne Dyer et Anthony De Mello.

Mon souhait est que vous puissiez y trouver quelques trucs qui fonctionnent pour vous. Chacun des textes poursuit un des deux objectifs suivants : trouver la paix et protéger votre énergie.

Cet ouvrage peut se lire dans n'importe quel ordre. Chaque petit texte expose une idée, vous n'avez pas besoin de vous taper tout un chapitre pour faire le tour.

Vous pouvez le laisser trainer dans votre salle de bain, sur la petite table du salon ou dans votre chambre à coucher. Il se laisse déguster à petites bouchées, comme du chocolat.

Je vous suggère aussi de demander d'être éclairé et de l'ouvrir au hasard, il est possible que vous tombiez sur un texte qui tombe pile pour vous. Ne me croyez pas sur parole, tentez l'expérience.

J'espère que vous allez trouver des clés libératrices tout en vous amusant.

Denis Carignan

Laisse pisser le mouton!

Il nous arrive parfois d'être tout mêlé, nous ne savons plus quoi faire ou nous ne savons plus quelle décision prendre. Dans ce genre de situation, il est parfois préférable de « laisser pisser le mouton ». Vous ne connaissez pas cette expression? La suite va vous éclairer…

« Tranche de vie avec Denis Carignan »

Il y a quelques années, je devais prendre une décision à savoir si j'allais à un tournoi de hockey à Toronto, soit à 12 heures de route de chez moi. C'était au printemps, vers la fin de la session au cégep où j'enseigne, un moment de l'année où tout le monde est fatigué, y compris moi. D'un côté, j'étais limité financièrement, de l'autre, ce tournoi était une occasion unique qui ne passerait peut-être plus jamais (ce qui fut le cas). Plus j'y pensais, moins je savais quoi faire. L'épuisement aidant, j'étais de plus en plus mêlé et je m'étourdissais avec les deux possibilités qui dansaient devant moi de plus en plus rapidement.

J'ai donc décidé de demander conseil à un collègue plus âgé et plus expérimenté, en qui j'ai vraiment confiance. Je lui ai exposé les deux possibilités en détails et, lui, il prenait des notes sur un petit calepin noir sans dire un seul mot. Bon, c'était un peu bizarre, mais je ne m'en faisais pas trop. À la fin, il a regardé son calepin, a pris un moment de silence et il m'a dit : « Laisse pisser le mouton. »

Me voyant ahuri, il a pris soin de m'expliquer un peu que les moutons font pipi un petit peu ici et un petit peu là et que ça ne sert à rien de les presser : ils auront fini lorsqu'ils auront fini. Si on les dérange, ça va juste être plus long. Et puis, il ajoute : « C'est la même chose avec toi, laisse-toi tranquille un peu et tu auras plus de chance d'y voir plus clair. »

J'ai alors décidé d'aller chez moi et de me « sacrer patience » comme on dit, et j'en ai même profité pour faire une sieste. À mon réveil, tout était clair : j'ai décidé d'aller au tournoi. J'en garde encore un souvenir très agréable.

Alors, lorsque votre esprit sera embrouillé dans des méandres inextricables et que vous ne saurez vraiment plus quoi faire, laissez pisser le mouton, donnez-vous une pause. La créativité et la fluidité se produisent dans la détente. Cette détente sera plus facile à faire si vous savez, en fait, que cette détente va travailler pour vous.

Coudonc, sommes-nous connectés???

Je venais d'écrire mon premier texte du livre qui disait de laisser pisser le mouton. J'étais très content. Je sentais que j'étais connecté avec la vie et que je faisais ce que ma petite voix me disait de faire.

J'étais donc tout heureux d'être content (en fait, ça allait bien mon affaire!) et j'ai décidé d'aller prendre une marche dans le bois tout en écoutant une conférence de Jack Canfield. Ce sacré Jack disait que tout est énergie, même nos pensées. Nous sommes connectés à tout et nos pensées sont une manière de se

connecter et d'attirer l'objet de nos pensées. Il donnait comme exemple qu'il arrive parfois que nous pensions à une personne et qu'au même moment, le téléphone sonne et que c'est cette même personne qui est au bout du fil. À la fin de cette phrase, sur qui je tombe? Louis-Philippe. Bon, vous allez me dire : « Qui c'est, ce Louis-Philippe? » Eh bien, c'est la personne à qui je faisais référence dans le premier texte de mon livre que je venais juste d'écrire; c'est lui qui me disait de laisser pisser le mouton. Je lui ai partagé que je venais d'écrire un texte dans lequel il m'avait donné un précieux conseil

J'ai remarqué que lorsque j'ose suivre le chemin que me propose ma petite voix intérieure, il se produit plein de synchronicités qui semblent me dire : « Bravo, tu es sur la bonne voie, lâche pas, mon homme! »

Alors, faites attention à ce que vous pensez, vous êtes peut-être en train de vous y connecter. Il est donc plus sage d'avoir des pensées positives en direction de ce que vous désirez dans votre vie. De toute façon, des pensées négatives ne mènent généralement pas à des résultats positifs.

Donc, soyez vigilants, nous sommes peut-être plus connectés que l'on ne le croit.

Consommez du « junk food » cognitif
avec modération

Je n'écoute presque plus le téléjournal. Je me suis rappelé pourquoi lors d'une visite chez le dentiste. J'étais bien assis tranquille dans la salle d'attente et le téléjournal était à l'écran. Il nous présentait la photo d'un adorable bambin d'environ 2 ans qui a été écrasé par un chauffard ayant fait un délit de fuite.

Est-ce que j'ai besoin de voir cette information? Est-ce utile à savoir? Qu'est-ce que ça m'apporte dans ma vie? Finalement, il n'y a rien de bon à en retirer. C'est un peu comme si une personne sonnait à votre porte. Vous lui ouvrez et vous remarquez qu'elle traîne une grosse poubelle bien nauséabonde avec des mouches qui virevoltent autour. Elle vous demande : « Me

donneriez-vous la permission d'étendre le contenu de ma poubelle en plein milieu de votre salon, s'il-vous-plait? » Vous risquez de répondre : « Non merci, mon cher Monsieur, ça va gâcher toute ma décoration sans parler de l'odeur fétide que je devrai supporter. »

C'est un peu la même offre que nous font les canaux d'information avec leurs horreurs diffusées en rafale et en continu. Vous allez me dire que ce genre d'information n'est pas aussi dérangeante que le contenu d'une poubelle répandu dans votre salon. En êtes-vous vraiment sûr?

Les pensées ont des impacts concrets sur notre corps. Imaginez que vous êtes branchés à un polygraphe (un détecteur de mensonge). On vous pose la question : « Avez-vous volé l'argent.» Vous ne répondez même pas verbalement et le polygraphe peut détecter une augmentation de votre tension artérielle, de votre rythme cardiaque ainsi qu'une augmentation de sueur sur vos doigts. Tout ceci est provoqué par une pensée anxiogène. Ce genre de pensée fait sécréter l'hormone du stress, le cortisol qui, à son tour, amène plein de désavantages à votre corps.

On surveille ce qu'on met dans notre assiette afin de protéger notre corps. On évite le sel, le gras, le sucre, etc. Nous n'avons pourtant que trois repas par jour tandis que nous avons soixante mille pensées dans le même laps de temps et les pensées anxiogènes peuvent avoir des effets autant négatifs sur notre corps que les aliments cités plus haut.

Il est donc primordial de consommer avec modération le « junk food » cognitif qui provient des informations extérieures, mais aussi celles qui proviennent des informations intérieures (nos pensées) que l'on produit par nous-même à longueur de journée.

Un certain Bouddha (j'ignore son nom de famille... Veilleux, je crois!) aurait même dit : « Nous sommes ce que nous pensons. Tout ce que nous sommes résulte de nos pensées. Avec nos pensées, nous bâtissons notre monde ».

Pensez-y.

Le test infaillible : « Le ferais-tu à tes enfants? »

Voici un test infaillible qui vous permet à tous coups de prendre une décision qui va être en accord avec vos valeurs profondes. C'est très simple : demandez-vous si vous le feriez ou si vous l'accepteriez pour vos enfants.

Laissez-moi vous donner un exemple qui l'explique clairement. Une bonne amie à moi se demandait si elle devait utiliser un régime de poudre protéinée afin de perdre un bon 10 livres rapidement. L'autre option était de consommer plus de légumes et de fruits et de faire un peu plus d'exercice physique. La première option est 10 fois plus rapide et 10 fois plus facile. La deuxième option demande beaucoup plus de temps et d'effort. Pourquoi ne pas opter pour la première option?

Malgré tous les avantages de la première option, un petit malaise se faisait sentir. Mon amie s'est donc demandé : « Est-ce que je donnerais ce régime protéiné à mes filles? » La réponse fut un non catégorique, bien entendu. Pourquoi? Parce que, en tant que parent, nous voulons ce qu'il y a de mieux pour eux, mais pour nous-mêmes, nous sommes prêts à subir bien des choses, car on se dit que ce n'est pas si grave.

Voici un autre exemple qui démontre la puissance de ce petit truc. Un ami est venu me demander conseil, car il venait de se séparer et il avait des problèmes avec sa nouvelle flamme. Il m'a raconté ce qu'elle lui avait dit lors de la dernière chicane. J'étais outré par ces propos, mais il ne semblait pas dérangé par cela. Je lui ai donc demandé si les paroles de sa copine l'avaient heurté. Il me dit : « Non, ce n'est pas si grave. » Je voulais lui faire réaliser que c'était peut-être plus grave qu'il ne le pensait. Je l'ai donc soumis à ce fameux test. Je lui ai demandé comment il aurait réagi si cette femme avait parlé de cette manière à ses propres enfants.

Il m'a répondu sans aucune hésitation qu'il aurait mis fin à cette relation sur le champ. Je lui ai répondu : « C'est drôle, ce qu'elle te dit, ce n'est pas grave, mais si elle le dit à tes enfants, là, c'est grave. » Dans mon livre à moi (et aussi dans ce livre) ce qui n'est pas acceptable pour l'un ne l'est pas pour l'autre.

Nous laissons passer bien des choses et à chaque fois, nous nous manquons de respect et cela s'accumule quelque part; cela doit être absorbé. Au fil du temps, la cour est pleine et on se demande pourquoi nous nous sentons mal et pourquoi notre vie ne correspond pas à ce que nous voulons vraiment. L'enfer se construit petit peu par petit peu à chaque violation de nos limites. Le petit test nous permet de garder notre cour vide afin d'y installer de beaux jardins où il fait bon vivre.

Plus, c'est parfois moins

Plus...

Plus de travail.

Plus de projets.

Plus d'entraînement.

Plus de performance.

Plus de vêtements.

Plus de kilométrage.

Plus de rénovations.

Plus de voyages.

Plus de sorties.

Plus de selfies.

Plus d'heures supplémentaires.

Un plus gros pick-up.

Une plus grosse maison.

Une plus grosse moto.

C'est parfois moins...

Moins de temps.

Moins d'argent.

Moins de sommeil.

Moins de repos.

Moins de santé.

Moins de rencontres.

Moins de réflexion.

Moins bonne qualité de vie.

Moins bonne connexion.

Moins d'intuition.

Moins d'espace.

Moins de paix.

Moins de sens

Moins de vie.

Moins.

Vive le *fastview*!!!

Le *fastview* est une nouvelle manière de regarder des séries télé qui consiste à augmenter la vitesse de l'image d'une manière encore compréhensible mais qui nous permet d'écouter jusqu'à deux fois plus de séries dans le même temps tout en continuant à faire toutes nos autres activités qui nous demandent beaucoup d'énergie mais le plus merveilleux est que même si nous manquons de temps le *fastview* nous permet de ne pas sacrifier de séries par contre le *fastview* implique que notre attention soit totale car si on quitte les yeux de l'image ne serait-ce qu'un instant nous nous exposons à perdre le fil de l'intrigue de la série donc notre cerveau est sollicité de manière maximale et il l'est aussi le reste du temps où nous faisons toutes nos activités qui peuvent entrer dans notre horaire si on gruge un peu sur nos heures de sommeil mais maintenant, nous pouvons gruger encore plus en condensant plus de séries télé dans le peu de temps qui restait et pour cela que je dis : merci *fastview*!!!

Je suis un petit coquin.

Avez-vous remarqué, le premier paragraphe n'a aucune pause. C'est seulement une phrase et il n'y a même pas une virgule. Tentez de lire à haute voix le premier paragraphe. Il faut être un plongeur en apnée capable d'atteindre de grandes profondeurs pour y arriver. Et c'est justement ce qui nous attend : de grandes profondeurs si nous n'avons pas de place pour faire des pauses dans notre vie.

En passant, *fastview*, ce n'est même pas une blague, ça existe pour vrai. Le premier paragraphe est véridique. Imaginez notre pauvre cerveau : le jour, il est déjà sollicité par notre téléphone et nos tablettes, et le soir, il doit redoubler d'effort afin d'être en mesure de décoder une série en *fastview*. Il me semble que tout ce qui est vivant a besoin d'une pause. C'est la même chose pour notre cerveau qui, en passant, consomme une grande quantité d'énergie.

Le *fastview* me fait penser à une piste d'accélération qui se termine par un mur de brique.

Même un avion ralentit pour atterrir, alors pourquoi pas nous?

Think positive, 'sti!

La pensée positive fait partie intégrante du développement personnel. Qui ose dire : « Pense négativement pour ton développement et pour l'atteinte de tes objectifs, mon ami » ? On accepte le concept de pensée positive sans le remettre en question, mais il y a un petit « oups! », un petit piège qui se cache dans ce joyeux monde de la pensée positive.

Que faire du côté obscur comme la maladie, l'échec et la souffrance? Si on s'obstine à tenter de rester uniquement positif, on peut passer à côté d'une partie de la réalité, c'est-à-dire passer à côté des aspects dits négatifs de la vie. Si notre pensée positive nous empêche de vivre ce côté dit négatif, cela veut dire qu'elle nous empêche d'être en contact avec une partie de la réalité. Plus nous sommes en santé mentale, plus nous sommes capables de vivre dans la réalité et celle-ci est parfois faite de souffrance.

Je crois donc qu'il est préférable d'accueillir et de vivre le positif ET le négatif. J'avais un vieux collègue qui exprimait cette idée de la manière suivante, il disait : « Lorsque tu as du pain noir, mange ton pain noir, lorsque tu as du pain blanc, mange ton pain blanc. »

Il faut donc accueillir et vivre la joie, mais aussi la peine. Il y a autant et parfois plus de cadeaux dans les aspects dits négatifs de la vie; s'en priver serait une perte immense pour notre développement.

Ceci étant dit, il est préférable de regarder et de se concentrer sur ce qui est positif. Il est bon de maintenir nos pensées vers ce que l'on souhaite, vers le beau et le bon. Cette manière de faire nous maintient dans un bon état d'esprit et augmente nos chances de nous diriger et d'attirer ce sur quoi nous portons notre attention. Imaginer le pire et se maintenir dans les pensées les plus négatives ne va pas vous aider.

Alors, pensez de manière positive et harmonieuse, mais accueillez ce qui est, même si ce qui est nous semble parfois « négatif ». Si une grande tristesse monte réellement en vous, accueillez-la et pleurez. Tenter de remplacer ce sentiment de tristesse par une pensée positive serait un mensonge, une manière de travestir la réalité et une forme de fuite.

Vous connaissez le vieil adage : « Ce que tu fuis te suit, ce à quoi tu fais face s'efface. »

Nous sommes peut-être faits comme des cerfs-volants, nous nous élevons lorsque nous faisons face au vent.

Ô temps, suspends ton vol

Il arrive comme ça, sans avertissement, ce moment béni où le temps suspend son vol et nous nous retrouvons là, plongé dans l'instant exquis où la vie nous semble soudain si belle, remplie de paix.

C'est comme si un papillon venait se poser sur votre main, tout doucement, sans raison et que vous arrêtiez ce que vous étiez en train de faire pour vous plonger totalement dans l'instant pour l'observer.

Ça m'est arrivé ce matin. J'étais en train de lire mon journal bien tranquillos après mon déjeuner en écoutant une douce musique. Une mélodie est venue se poser sur moi comme le ferait un papillon et du coup, j'ai arrêté de lire pour regarder autour de moi afin de savourer l'instant qui me semblait vaste, harmonieux, rempli de sens. Ce sentiment fugace m'a quitté non sans me laisser un doux parfum d'éternité. « Ô temps, suspends ton vol...»

Ce genre de moment n'est pas venu me visiter souvent dans ma vie, mais quand il l'a fait, j'étais dans un état tranquille, calme. C'est un peu comme si on ouvrait notre fenêtre et la douce brise de l'été venait nous caresser, comme ça, sans raison particulière sinon que notre fenêtre était ouverte et que nous étions là, disponible et calme. On ne peut pas contrôler la venue de ces moments bénis, on ne peut que se mettre disponible, arranger la maison afin de l'accueillir de manière respectueuse.

Ces moments sont très courts, mais ils sont d'une grande importance, car il nous laisse entrevoir la magnificence, la beauté et l'immensité bienveillante de la vie.

Et si tout ce qu'on s'évertue à ressentir avait toujours été là, derrière notre fenêtre, pendant que nous étions trop occupés à courir comme des fous ? En fait, nous n'avions qu'à nous calmer, ouvrir notre fenêtre et être disponible à nous faire effleurer le visage par les ailes d'un ange.

« Ô temps, suspends ton vol... »

Est-ce que je pourrais t'emprisonner avec mes règles s'il-te-plaît?

« Il me semble qu'il aurait pu faire cela, ça aurait été le minimum acceptable. »

Voici une phrase qu'il nous arrive de penser. Nous déterminons ce que l'autre devrait faire. Lorsqu'il ne le fait pas, nous nous retrouvons outrés, frustrés et bien entendu, c'est la faute de l'autre.

Par exemple, vous croisez une connaissance en marchant, vous vous arrêtez pour lui faire une petite jasette, mais celle-ci continue sa marche en jasant avec la personne qui l'accompagne et elle vous fait seulement un salut d'un signe de la tête. Vous vous dites : « Mon Dieu, il me semble que le minimum est d'arrêter pour me saluer et me parler un peu. »

Analysons cette situation un peu, entre autres sous l'angle d'un atelier suivi auprès de mon bon ami et formateur Simon Poulin. Quels critères sont à la base de cette réflexion? On peut se dire : « Ça fait six mois que nous ne nous sommes pas vus, il serait donc normal de prendre le temps de se saluer! De plus, nous nous connaissons depuis vingt-cinq ans, après tout ce que nous avons vécu, il me semble que le minimum serait de prendre le temps de se saluer. » Logiquement, ça se tient, mais il y un petit « oups »! Qui a proclamé ces critères qui semblent faire force de loi? C'est nous-même. Est-ce que l'autre est au courant qu'il est en train de transgresser une loi officielle promulguée par l'assemblée nationale du royaume de nous-même? Je ne crois pas.

Je vous pose la question : est-ce qu'il a le droit de ne pas respecter notre loi?

A-t-il le droit de ne pas la suivre?

La réponse est oui, il a le droit de ne pas suivre nos lois. Au fait, est-il seulement au courant de cette loi?

L'autre personne a décidé de ne pas arrêter pour me parler, elle a le droit. Ici, je peux réaliser que nous n'avons pas les mêmes critères de fonctionnement. L'autre n'a pas brisé de règles officielles, elle a brisé une règle inventée par nous-même, tout simplement. Elle n'est pas nécessairement en tort. Est-ce qu'on peut lui sacrer patience avec ce pêché de lèse-majesté? Ô, moi, le Roi Soleil, je n'ai pas été respecté dans mes règles personnelles et secrètes. S'il me respectait, il connaitrait ces règles !! Bullshit! Le respect n'est pas une affaire de lecture de pensée. Pour ne pas respecter une règle, on doit lui dire et après, s'il ne la suit pas, on peut dire qu'il ne la respecte pas.

28

Si une personne ne respecte pas une règle personnelle, vous avez trois choix. Un, réaliser que l'autre a le droit de ne pas suivre vos règles personnelles. Deux, vous pouvez décider de vous éloigner de cette personne, car elle ne correspond pas à vos critères de vie. Trois, vous pouvez lui dire votre règle afin qu'elle en soit consciente. Elle pourra décider de la suivre ou non dans l'avenir. À ce moment, vous pourrez constater si cette personne est prête ou non à respecter cette règle. La décision vous reviendra de rester proche ou non de cette personne.

Il est à noter que plus on a de règles à faire respecter, plus nos relations seront compliquées à gérer et nous devrons expliquer à plusieurs personnes, à plusieurs occasions, qu'ils sont en infraction par rapport à nos règles. Cela devient lourd. Il serait plus avantageux de nous poser la question : « Est-ce que ma règle est universelle? Puis-je laisser plus de liberté aux autres sans pour autant me manquer de respect à moi-même? » Si la réponse est oui, vous faites entrer plus de liberté en vous et autour de vous.

Lorsqu'une personne semble avoir mal agi, posez-vous la question : « A-t-elle brisé une de MES règles? Est-ce que cette règle est universelle et a-t-elle force de loi? »

Voici un exemple rigolo d'une petite règle brisée.

Vous cliquez « j'aime » sur les publications d'une personne et celle-ci ne clique jamais « j'aime » sur vos publications. Est-ce qu'elle en a le droit? Oui, bien entendu. Est-elle obligée de faire comme vous? La réponse est non, bien sûr, mais nous pouvons être un peu irrité sans trop savoir pourquoi. C'est un peu comme si on avait dit : « Est-ce que je peux t'emprisonner avec mes règles, s'il-te-plaît? »

Il est peut-être temps d'alléger notre livre de lois.

Je préfère que l'autre
ait un orgasme interrompu

Bon, avant de me traiter de pervers égoïste, attendez un peu. Il est fort possible qu'à la fin de ce texte, vous ayez vous aussi une grande envie que l'autre ait un orgasme interrompu...

« Tranche de vie avec Denis Carignan »

J'ai déjà reçu un courriel très peu avenant où l'autre personne me jugeait négativement et me prêtant des intentions tout aussi négatives. Au travers de ce florilège d'insultes, il m'a signifié que je ne faisais plus partie de son organisation et que nous ne travaillerons plus ensemble à l'avenir.

Je dois avouer que sur le moment, j'étais un peu secoué, comme si je venais de recevoir un uppercut par surprise. Mon premier réflexe a été de vouloir me défendre et d'expliquer que ces accusations sont fausses et que c'est lui, le pas fin. Au lieu de cela, j'ai répondu ceci :

« Je prends note que je ne fais plus partie de votre organisation et que je ne ferai pas de contrat avec vous à l'avenir. Bonne chance dans vos projets. »

Denis Carignan

Et voilà, orgasme interrompu!

Je m'explique : lorsqu'une personne vous accuse, elle s'attend à ce que vous tentiez de vous défendre. C'est à ce moment qu'elle peut utiliser vos mots afin de vous réattaquer une fois de plus. Chaque tentative de défense représente une occasion supplémentaire. Cela fait monter son plaisir. Le juge en lui ressent de plus en plus de satisfaction à mesure qu'il peut vous attaquer. Si vous ne vous défendez pas, vous lui coupez sa montée de plaisir, ce qui interrompt son orgasme! Vous lui coupez l'herbe sous le pied! Vous mettez fin à cette dispute, vous conservez votre énergie et vous privez l'autre de munition. C'est génial!

Par contre, il y a un petit « oups » Nous pouvons rester frustrés. Justement, j'ai un truc. Nous pouvons rester frustrés si nous avons l'impression de nous faire salir ou de nous faire accuser faussement. C'est ceci qui nous pousse à nous défendre et c'est notre comportement de défense qui provoque l'escalade défense-attaque. Le truc est de se demander : « Qu'est-ce que je tente de défendre? »

En fait, on tente de défendre l'idée que l'autre a de nous dans sa propre tête. Oui, oui, vous avez bien lu! On tente de défendre une idée que l'autre a de nous dans sa tête. Pensez-y, nous sommes rendus loin. On tente de défendre une chose abstraite qui ne nous appartient pas. Il a le droit de croire tout ce qu'il veut de nous. C'est son droit. Si nous tentons de défendre une image de nous qu'il a dans sa tête, nous ne sommes pas sortis du bois.

Ce que les autres pensent de nous ne nous regarde pas.

Nous pouvons dépenser une quantité incroyable d'énergie pour défendre une image de nous. En y pensant bien, ce n'est pas nous, ce n'est qu'une image que l'autre s'est bâtie dans sa tête, dans son monde.

Si certaines accusations semblent concorder avec la réalité, nous pouvons en profiter pour y réfléchir et utiliser cette information pour grandir sans dépenser de l'énergie en défense. Dans le cas contraire, la défense est vaine aussi. Ne donnez pas de munitions à l'autre avec vos arguments de défense, coupez-lui l'herbe sous le pied et provoquez chez lui un orgasme interrompu!

Avez-vous mangé une grosse portion de ragoût de pattes de cochon, hier soir?

« Tranche de vie avec Denis Carignan »

Par un beau matin, je me réveille au beau milieu d'un sordide cauchemar. L'esprit tout embrouillé, je commence ma journée. Je devais déjeuner et répondre à seulement deux courriels. Le problème est que je voulais faire tout et son contraire, mais pas ce qui était là.

Finalement, j'ai répondu aux courriels, mais mon esprit confus partait dans toutes les directions. Je me suis même

surpris à imaginer des problèmes hypothétiques que je me démenais à régler. J'ai fini par me rendre compte que mon esprit était confus. C'était pourtant une superbe journée de congé ensoleillée. Qu'est-ce qui pouvait provoquer cette congestion de l'esprit?

Je me suis rappelé que la veille, j'ai écouté une série portant sur la vie d'un célèbre narcotrafiquant qui a eu une vie mouvementée et très violente. Après cela, je me suis mis au lit en imaginant ce que serait ma vie si j'étais un violent narcotrafiquant. Ce que j'imaginais était plutôt heavy métal.

Serait-ce possible que ce que j'ai consommé mentalement était plutôt indigeste pour l'esprit? Est-ce possible que toutes ces idées aient entraîné mon cauchemar et l'embrouillement de mon esprit? Je crois que oui. C'est un peu comme si j'avais mangé une grosse portion de ragoût de pattes de cochon avec deux pintes de bière brune tièdes avant d'aller au lit. Ce genre de consommation aurait provoqué une digestion difficile, des cauchemars et un estomac barbouillé pour une partie de la journée suivante.

Alors, surveillez ce que vous consommez physiquement ou mentalement avant de vous coucher. Il en va de votre digestion physique et mentale du lendemain.

Bon appétit!

« Ton pénis est plus intelligent que toi... »

Une sexologue

Laissez-moi vous raconter l'histoire d'un jeune homme qui venait de rencontrer une femme qui sortait de l'ordinaire.

Elle était d'une grande beauté! Elle avait un sourire ravageur et un charme tout à fait irrésistible. Tous les hommes se retournaient sur son passage, complètement envoûtés. Eh bien, imaginez-vous que cette déesse s'approche de ce jeune homme et lui avoue son amour. Il est aux anges. Attendez, ce n'est pas fini! Elle lui révèle qu'elle le désire passionnément et qu'elle souhaite qu'il lui fasse l'amour.

Houlala, mais c'est le jackpot, le Klondike, c'est la chance qu'on imagine, mais qui arrive seulement dans les films dont le scénario est un peu exagéré !!!

Toujours est-il qu'ils se retrouvent dans la chambre à coucher. Elle est encore plus belle nue qu'il ne l'avait imaginée. Il y a toutefois un petit « oups » : son petit rikiki ne veut pas entrer en action. Il est d'une flaccidité digne d'un invertébré. Bref, on dirait que la vie avait quitté son pénis. Patatra! La catastrophe, la fin du monde! Mais pourquoi ce stupide pénis tombe en panne pour la première fois de sa vie dans un tel moment? Il est vraiment con.

Le pire, c'est que les deux tourtereaux ont tenté l'expérience à plusieurs reprises avec toujours le même résultat.

Découragé, le jeune homme décide d'aller consulter une sexologue. Après avoir tout dit, la sexologue lui répond : « Ton pénis est plus intelligent que toi. Il sait qu'il ne doit pas aller à cet endroit. »

Quoi, c'est ce pénis qui est stupide, pas moi! La preuve, cette jeune femme correspond à tous les critères de désirabilité, donc le pénis a tort, car les critères sont respectés!

Ceci m'amène à ce que je veux expliquer. Qui est dans la réalité? La réponse est : le corps. Le corps nous donne l'heure juste. En gros, voici les deux signes à écouter. Le premier est l'expansion. Par exemple, nous prenons une décision ce qui provoque une grande inspiration qui nous fait du bien. La cage thoracique se remplit d'air et le corps se détend et il nous dit : « C'est O.K. » Le deuxième signe est la contraction. Nous prenons une décision est le corps se contracte, la respiration est superficielle et différents muscles se resserrent; notre corps nous dit : « Ce n'est pas O.K. »

Le corps ne ment pas, il nous donne l'heure juste. Le problème, c'est que notre esprit peut s'imaginer toutes sortes de règles qu'il a apprises et qu'il prend pour la réalité.

Par exemple, vous avez un travail qui correspond à toutes les caractéristiques associées à un bon emploi, mais votre corps est plein de tension et votre moral en souffre. Nous avons tendance à croire en nos règles et à penser que c'est notre corps qui a un problème. Bien souvent, le corps se fout des règles, il nous dit que c'est O.K. ou que ne n'est pas O.K. Nier la réaction du corps sous prétexte que nous avons de bonnes raisons de continuer entraîne une négation de la réalité du corps et le corps va simplement s'exprimer de plus en plus fort jusqu'à ce que vous l'écoutiez.

Voici un petit truc pour prendre une décision en utilisant le corps. Disons que vous hésitez entre la décision A et B. Fermez les yeux et imaginez la décision A en détails (imaginez que vous dites votre décision à des amis, vous voyez et entendez leurs réactions, vous imaginez ce que sera votre routine pour les mois à venir). Si vous l'imaginez clairement, votre corps va réagir comme si c'était vrai, un peu comme lorsque vous vous immergez dans un film d'horreur et que votre corps y réagit comme si c'était la réalité en augmentant votre rythme cardiaque et en créant de la peur. Imaginez maintenant ce que sera votre vie avec la décision B. Dans les deux cas, votre corps va réagir. Rappelez-vous :

s'il y a de l'expansion, le corps dit que c'est O.K. et s'il y a de la contraction, le corps dit que ce n'est pas O.K. Il est possible que les deux options ne donnent pas de résultats si différents. Prenez une pause et refaite l'exercice un autre jour. De toute façon, le temps est un allié, car la nuit porte conseil - le cerveau classe les informations pendant les rêves.

La tête nous raconte bien des histoires, mais le corps nous parle de la réalité. La question est de savoir si nous lui faisons assez confiance et si nous avons assez de courage pour le suivre.

Bonnes réflexions!

P.S. : Dans l'histoire du jeune homme, l'avenir a donné raison au pénis à 100 %.

« Avec ce nouveau modèle, on est ailleurs »

Un vendeur de voiture

Le mental est très rusé. Pour vous le démonter, voici une…

« *Tranche de vie avec Denis Carignan* »

Je possède une voiture sport décapotable très performante qui me comble de plaisir. À l'époque, c'était la version du modèle la plus performante et la plus équipée. Lors d'une balade des plus agréables, je m'arrête à un garage pour admirer la version du même modèle, mais plus récente de 14 ans. Le vendeur vient à ma rencontre : « Je vois que tu as un modèle de l'année 2000, on en a vendu plusieurs et on a eu du fun avec ça, mais avec ce nouveau modèle, on est ailleurs! » Il commence donc à m'énumérer toutes les améliorations de la nouvelle version.

Je suis tellement évolué qu'une simple phrase de la sorte ne saurait m'influencer (à lire avec une voix haut perchée d'un aristocrate de la Renaissance). En tout cas, c'est ce que je croyais, en fait c'est ce que croyait le Roi Soleil en moi.

Ce vendeur connait peut-être la mécanique de l'ego. Celui-ci trouve son identité dans ce qu'il possède, dans ce qu'il fait. Si nous voulons avoir un sentiment de soi plus fort à partir de l'ego, nous devons tenter de nous trouver dans les possessions et les accomplissements.

Je connais tout ça et je me suis dit que je n'étais pas un épais, et que je ne ferais pas un effort démesuré afin de me procurer ce modèle de voiture. Je vais juste garder mon vieux modèle et m'acheter ce nouveau modèle plus tard, lorsque son prix allait diminuer.

Pouèt, pouèt, pouèt! Le rusé mental m'a eu. En voulant acheter ce modèle plus tard, je me suis convaincu que je n'étais pas sous l'emprise de mon petit ego qui veut se trouver dans ses possessions. Je me suis tellement bien fait avoir que je n'ai plus eu autant de plaisir le reste de ma ballade. Tout d'un coup, ma voiture ne m'apparaissait pas aussi agréable.

Il n'y a rien de mal à vouloir un modèle plus performant, mais le leurre est de croire que nous allons nous y trouver et que nous allons augmenter notre sentiment de soi relié à notre petit ego. C'est une course sans fin, car si je me procure ce nouveau modèle dans le futur, lorsqu'il va coûter moins cher, il y aura des modèles encore plus récents et plus performants.

L'ego veut être toujours « ailleurs » afin de tenter de s'y trouver et cela entraîne une course folle sans fin.

O.K. Mon ego m'a bien eu, mais ce qu'il y a de merveilleux, c'est que je l'ai vu faire. Lorsqu'on le voit, il n'est plus totalement le maître de notre vie, car on a un degré de séparation avec lui. Cela m'a permis de rire de moi ; c'est déjà ça de gagné!

C'est une histoire à suivre.

« Tu es aussi intelligent que mon chien »

Un coéquipier au hockey

J'étais dans le chambre de hockey à vanter ma grande sagesse qui me pousse à prendre un congé lorsque je suis fatigué. Je continuais en méprisant les pauvres quidams qui n'ont rien compris et qui continuent de travailler malgré les signaux envoyés par leur corps.

Content de moi et fier de ma grande supériorité inégalée, j'entends un de mes coéquipiers me dire : « Tu es aussi intelligent que mon chien : lorsqu'il se sent malade, il va se cacher sous la galerie, il se repose et il en ressort uniquement lorsqu'il est guéri ».

Badaboum! Moi, me comparer à un canidé? Quel scandale!! Pour dire vrai, j'étais 100% d'accord avec mon ami : se reposer lorsque notre corps nous le demande est seulement la base du minimum du gros bon sens et les animaux le savent bien. Contrairement à eux, nous sommes conditionnés par notre société qui propagent ses valeurs. Il est difficile de ne pas se faire influencer par celles-ci consciemment ou inconsciemment.

Vous allez être surpris, mais j'ai même réfléchi à la question. Allez, c'est le temps d'une...

« Tranche de vie avec Denis Carignan »

J'ai attrapé un méchant virus qui m'a cloué sur mon divan pendant un mois complet. L'activité principale de mes journées consistait à me moucher et à réfléchir à mes seuls projets qui étaient presque à ma portée, c'est-à-dire boire de l'eau et aller au petit coin, mais c'était déjà au-dessus de mes forces. La première semaine, ça allait, j'acceptais de prendre ce temps de repos, mais au-delà de ce délai, il y avait un problème (c'est comme si une semaine de congé était la seule chose acceptable). Au bout de trois semaines, je me suis demandé : « Qu'est-ce que je vaux? Bien oui, qu'est-ce que je vaux, je ne produis rien, je ne fais strictement rien à part être assis sur mon divan? »

Voici donc mon hypothèse : <u>notre identité est intimement liée à ce que nous produisons, à ce que nous faisons. Si notre corps demande d'arrêter, il y a une menace à un fondement de notre identité.</u> Nous préférons continuer à travailler quitte à prendre des médicaments mais surtout, ne pas prendre le temps de guérir comme le ferait un chien.

Bien sûr, il y a aussi toutes nos obligations financières qui nous poussent à continuer, mais c'est un peu un non-sens, car si nous ne nous guérissons pas, notre corps va seulement bloquer plus longtemps ce qui nous empêche encore plus de faire face à nos obligations financières.

Si nous écoutions les premiers signaux envoyés par le corps, il serait assez facile de nous guérir : un peu plus de sommeil, un peu de repos, manger un peu mieux et boire plus d'eau, et hop! Bien des problèmes seraient évités.

<u>Je vous propose donc la solution suivante, prenez des CPM : Congés Préventifs Moumouniques.</u>

Une moumoune est une personne de qui on dit qu'elle est peu résistante. Voici une situation pour vous le démontrer : « Hé que t'es moumoune! Aweye, viens jouer dehors même s'il fait froid. » La moumoune répond : « Non, c'est trop froid pour moi!» Et tous ses amis lui crient en cœur : « Espèce de moumoune!!! »

En fait, la moumoune est très respectueuse de ses limites, certains diraient trop respectueuse, mais bon, c'est une question à débattre.

<u>Je vous pose la question : laquelle des deux personnes suivantes va coûter le plus cher à une entreprise : le bourreau de travail ou la moumoune qui est honnête dans ses demandes de congés?</u> Imaginez un bourreau de travail qui reçoit des signes de son corps. Qu'est-ce qu'il fait? Il les ignore. Les signes

deviennent plus sérieux, il les ignore encore en prenant plus de médicaments. Les signes vont donc augmenter jusqu'à ce qu'il se tape un burn-out ou quelque chose de pire.

Imaginez maintenant une moumoune honnête, c'est-à-dire qu'elle prend un congé pour guérir et non pour voler son patron. Au premier signe donné par son corps, elle va réagir par plus de sommeil ou plus de repos. Si elle reçoit un signe qui lui dit « si tu vas travailler aujourd'hui, tu vas être malade demain », elle appelle son patron pour prendre congé. Elle n'est pas encore malade, elle a seulement les premiers symptômes qui demandent des soins. Elle se repose donc toute la journée, fait des siestes, prend un bain et va au lit très tôt. Le lendemain, elle se lève en pleine forme et rentre au travail.

Alors qui va coûter le plus cher à long terme à l'entreprise? Le bourreau de travail ou la moumoume? La réponse me semble évidente : c'est le bourreau de travail.

Il y a quelques années, l'absentéisme causait de grandes pertes

aux entreprises. Maintenant, il y a un nouveau problème qui entraîne plus de perte et une plus grande diminution de la productivité, et j'ai nommé le présentéisme. Cette maladie consiste à venir travailler malade. Les gens atteints se bourrent de médicaments, s'épuisent encore plus et donnent leurs germes et leurs bactéries à leurs collègues en bonus. Ils sont un peu comme des pustules ambulantes.

Devant cette nouvelle folie, j'ose maintenant crier haut et fort : « Vive la moumoune en vous et vive les Congés Préventifs Moumouniques! »

« Je vais vous raconter mon voyage de marde »

Henri Carignan

Mon père était un voyageur de commerce. Dans les années 1980, il a eu des moments difficiles comme bien d'autres. Il a acheté des faillites de pièces de bicyclettes et tentait de les vendre à la grandeur du Québec.

Il est né en 1921 et a connu la grande crise. Habitué à voyager « léger », il s'est donc acheté un très vieux *camper* Volkswagen bleu poudre, avec pas de chauffage, dont les années glorieuses faisaient partie d'un lointain passé. Pour éviter les dépenses, il amenait son lunch et dormait dans son *camper* avec une peau de mouton un peu courte pour tenter de se protéger du froid de l'automne.

À son retour, il nous annonçait : « Je vais vous raconter mon voyage de marde ». La famille se précipitait et on s'assoyait par terre tout autour de lui. Il nous racontait tous les malheurs et toutes les malchances qu'il avait rencontrés. Si vous pensez que c'était très lourd à entendre, c'est que vous ne connaissez pas l'un des talents particuliers de mon père. Son récit était digne d'un *stand up* comique. Ne vous méprenez pas, il racontait vraiment des malheurs, mais il le faisait d'une manière tellement humoristique que nous étions suspendus à ses lèvres et notre écoute était entrecoupée de joyeux éclats de rire.

Comme la fois où il se faisait régulièrement arrêter par la police, car elle croyait qu'il était un vieil hippie perdu qui tentait de vendre du vieux «stock de bicycle volé.» Ou la fois où son pied droit s'est retrouvé découvert pendant la nuit, car sa peau de mouton était trop courte. Il a hérité d'un pied paralysé par le

45

froid pendant une couple d'heures l'empêchant de conduire, car il ne sentait plus la pédale de l'accélérateur.

J'ai hérité de cette habileté. Lors de mes déjeuners entre amis, je fais un effet bœuf lorsque je raconte mes problèmes. Ils tapent sur la table du restaurant, ils s'esclaffent et parfois ils pleurent de rire… Pourtant, je raconte mes malheurs !!! Bien sûr, si je raconte un problème qui est encore douloureux, ils m'écoutent avec chaleur et respect ; le rire se produit lorsque je raconte un malheur où j'ai eu l'air fou et où j'étais en mauvaise posture.

Il y a deux conséquences inattendues et de grande valeur qui découlent de ma capacité à raconter mes malheurs : <u>la diminution de la peur et l'augmentation de l'audace.</u>

Je m'explique. Un nouveau projet amène des risques, les risques amènent une possibilité d'échec, la possibilité d'échec amène la peur et la peur diminue la possibilité de tenter sa chance.

46

Voici la différence : un nouveau projet amène des risques, les risques amènent une possibilité d'échec, la possibilité d'échec amène la possibilité d'avoir une formidable histoire à raconter, la belle histoire à raconter augmente la possibilité de tenter sa chance.

Aujourd'hui, devant un projet, je fais ressortir deux possibilités attrayantes : un grand succès ou une flamboyante histoire à raconter, dans les deux cas, le sourire me vient aux lèvres et je me lance avec enthousiasme.

Vive les pas fins!

Un « pas fin » est une expression qui désigne un large éventail d'individus qui part de la personne qui n'est pas vraiment gentille et qui va jusqu'au super gros «enfouaré». Cette expression me parait encore plus savoureuse lorsqu'elle est utilisée pour désigner un individu qui appartient à la categorie la plus négative de la gamme des possibilités. Imaginez que vous faites face à un Hell's Angel menaçant et hors de lui et que vous lui jetiez à la tête un « espèce de pas fin », bien senti. L'effet serait sûrement des plus surprenants, mais je sens que je m'égare…

Les « pas fins » de tout acabit sont vraiment utiles afin de raffiner notre radar à respect de soi. Je m'explique. Nous avons un espèce de radar qui détecte les paroles ou les actions qui indiquent un manque de respect de soi. Malheureusement, avec nos conditionnements et nos blessures, notre radar devient mal calibré. Une parole blessante déclenche notre radar, mais nous avons de la difficulté à comprendre le message. Nous avons donc une impression floue que quelque chose cloche. C'est en fait notre radar qui nous indique que l'autre personne nous manque de respect.

On peut se dire que ce n'est pas si grave, qu'elle ne voulait pas dire cela. C'est sûrement moi qui réagis pour rien, etc. Rien à foutre! Le radar a été déclenché, mais notre habileté à l'interpréter est parfois faussée.

Heureusement, il y a les « pas fins » !!! Ces gens se font un plaisir, toujours renouvelé, de rentrer dans les limites de notre radar. Celui-ci émet des petits « bip, bip », mais nous ne savons pas quoi en faire.

Grâce au travail acharné de certains « pas fins » qui travaillent de façon constante, notre radar est stimulé intensément et les signaux commencent à être plus intenses. Par exemple, nous ressentons plus de fatigue ou plus de tristesse à la suite du passage des « pas fins ».

Il arrive que l'origine du malaise provienne d'un simple malentendu; une vérification auprès du « pas fin » peut permettre de constater qu'il n'était pas un « pas fin », mais simplement pas conscient qu'il brisait une de nos limites. Le problème est réglé et la personne respecte notre limite à l'avenir. S'il brise encore notre limite, on peut donc constater qu'il le fait en connaissance de cause. Dans cette situation, nous avons tendance à nous mettre en colère et à les traiter de « pas fins. »

Les condamner nous semble approprié. Ça serait pourtant une erreur, car ce ne sont pas eux qui sont importants, mais bien notre réaction.

Ce sont nos réactions face aux « pas fins » qui permettent d'évaluer où nous en sommes avec nos limites et avec notre capacité de protection.

En fait, nous devrions même les remercier secrètement, car leurs actions nous forcent à évoluer, à affiner notre radar, à nous protéger et, ultimement, à vivre une vie beaucoup plus en harmonie avec notre vraie nature.

Lorsque nous avons compris tout cela, les « pas fins » nous quittent, car ils n'ont plus rien à faire avec nous.

Alors, vive les « pas fins » pendant qu'ils sont encore là!

Si vous êtes prisonnier,
optez pour la stratégie du roseau

J'ai dû prendre un taxi pour aller passer des examens à l'hôpital. De fort bonne humeur, j'annonce ma destination au chauffeur et j'ajoute que je vais y subir un changement de sexe. Nous nous mettons à rire en ajoutant des commentaires qui se voulaient rigolos. Il décide alors de me raconter une blague et me demande : « Connais-tu la joke du noir qui va à l'hôpital? » Il me semble que cette entrée en matière n'augure rien de bon, mais je lui dis que je ne la connais pas. Il me raconte alors une blague bien raciste qui sort tout droit des années 1950.

J'ai été pris de court ; je ne savais pas comment réagir. Et puis merde, le trajet est juste de 5 minutes, je vais laisser faire en me disant que s'il recommence, je vais lui signifier que ce n'est pas approprié.

Il commence alors à vider tout son fiel sur le système de santé en général et sur l'hôpital de notre ville en particulier. Et c'est parti pour un tour! Il me raconte qu'il a dû attendre 45 minutes après son arrivée en ambulance et qu'il a décidé de quitter les lieux lorsqu'on lui a dit qu'il devait attendre plus longtemps, car son cas n'était pas le plus prioritaire. Il enchaîne avec les assistés sociaux qui engorgent le système uniquement pour avoir un billet de médecin dans le but de recevoir leur chèque à la fin du mois.

Je lui partage qu'aux États-Unis, il y a 30 millions d'habitants qui n'ont aucune couverture médicale. Il me répond : oui, mais ceci et cela, et je lui rétorque : oui, mais cela et ceci. Nous voilà partis pour un autre tour!

Et il en rajoute avec une opération qu'il a subie. Ah, ah, je le tiens! Je lui dis qu'il aurait payé $250.000 aux USA! Il enchaîne : oui, mais j'ai dû attendre avant d'être opéré.

Il avait tellement tort, vous savez, que c'en était indécent!

Attendez une minute? Savez-vous qu'en général, <u>plus nous croyons que l'autre personne a tort, plus cette personne a des chances de croire que c'est nous qui avons tort?</u> En général, c'est réciproque.

Je me rends compte que j'utilisais la stratégie du chêne : « Plus il vente, plus il résiste. » C'est une stratégie épuisante et dangereuse, car il risque de se briser.

Je **ne** vous suggère **pas** la stratégie du «ah ouan », car il n'y a pas moyen de vous éloigner de l'autre dans cette situation.

Lorsque vous êtes prisonnier, par exemple lors d'un long vol, je vous propose plutôt la stratégie du roseau. Ne résistez plus, car

plus vous croyez que l'autre a tort, plus il y a risque d'escalade. Pliez comme le roseau, laissez-le dire ses conneries et changez de sujet. <u>Le moyen le plus facile et le plus agréable est de vous informer de lui.</u> Depuis combien de temps fait-il ce métier? A-t-il pris de vacances et si oui, à quel endroit? Quels sont ses hobbies?

Je sentais monter en moi la frustration et le mépris, je nous voyais nous enfoncer dans un bourbier sans issue, la stratégie du roseau m'est venue à l'esprit, après une seule question sur son métier, la tension est presque aussitôt disparue.

Voyez-vous, il y a des gens avec qui nous ne pouvons pas discuter de manière constructive, car nous sommes trop différents : il ne peut pas en sortir grand-chose de bon. C'est à nous de bouger, car nous sommes responsables de notre vie.

Sortez du bourbier! Et le moyen le plus facile et efficace est de simplement poser des questions sur ce que l'autre fait, sur ce qu'il aime. À peu près tout le monde aime parler de lui. Ça fonctionne et la tension disparait. Bien entendu, nous devons avoir encore un peu de sympathie envers la personne si on veut que nos questions engendrent un contexte agréable.

Le chêne ne cède pas d'un centimètre, il résiste de toutes ses forces, il semble puissant. Le roseau semble plus faible, mais il amène une baisse de tension immédiate.

Alors, voulez-vous paraître fort ou voulez-vous avoir la paix?

Si vous n'êtes pas prisonnier, optez pour la stratégie du « ah ouan? ou du « ben coudonc! »

Vous pouvez rencontrer de « gentilles personnes » qui ont un trop plein de souffrance et qui désirent ardemment les partager avec vous, comme ça, gratuitement, sans même vous demander la permission de le faire.

Vous vous retrouvez donc devant des gens qui cherchent la discorde et vous sentez intuitivement que tout ce que vous pourriez dire sera retenu contre vous et servira comme combustible afin de faire augmenter la durée et le désagrément de la discussion. Si cela se produit, mais que vous pouvez quitter l'endroit, optez pour la stratégie du « ah ouan » ou du « ben coudonc ».

Le meilleur moyen de vous l'expliquer est de vous donner un exemple concret par l'entremise d'une…

« Tranche de vie avec Denis Carignan »

(Je tiens à souligner que toutes mes tranches de vie sont véridiques, même celle-ci qui semble tout droit sortie d'un film dont le scénario apparaitrait exagéré.)

J'avais accepté d'offrir une conférence gratuitement afin de donner un coup de pouce à un professeur qui se donnait sans compter et sans budget à son école et à ses étudiants. Le grand jour arrive et il y avait une ambiance remplie d'enthousiasme dans l'auditorium qui était bondé. J'étais sur scène avec un bon ami qui était chargé de me présenter. L'ambiance était à la fête et j'étais ravi d'offrir ma conférence : « La motivation et la réalisation de ses rêves. » J'avais le goût de stimuler l'espoir et le potentiel de toute cette belle jeunesse. Bref, ça allait bien mon affaire et je me sentais sur mon élan de vie, sur mon X, et puis elle est apparue…

Une enseignante qui fait partie de mes connaissances éloignées entre dans l'auditorium. J'étais sur scène et mon ami s'apprêtait à débuter. Par courtoisie, nous avons décidé d'attendre quelques secondes afin de lui permettre de s'asseoir. Quelle ne fut pas ma surprise de la voir descendre l'auditorium au complet sans même chercher un banc. La voilà qui monte sur scène sans une once d'hésitation. Je me suis dit qu'elle devait avoir un message de la plus haute importance à donner à l'assistance.

Quelle ne fut pas ma deuxième surprise de réaliser que le message n'était pas pour toute l'assistance, qui attendait le début de la conférence et qui la regardait sur scène, mais bien pour moi! Très personnellement!

Voici ce qu'elle m'a dit (et je vous répète que c'est une histoire vraie) : « Mais, mon Dieu, Denis, je ne t'ai même pas reconnu de loin, tu as donc bien vieilli ! » Et ce n'est pas fini! Elle s'approche pour me regarder la tête et me dit avec une expression de dégoût : « Mais tu as donc bien blanchi, pis tu perds tes cheveux, mais qu'est-ce que tu as fait?!?! »

Mon ami sur scène me regardait hébété. J'ai vraiment cru que sa mâchoire allait tomber par terre. J'ai senti monter en moi une colère mêlée à de la stupéfaction. Je me disais : « Je viens bénévolement donner une conférence aux élèves de son école et elle prend la peine de la retarder pour venir me dire essentiellement qu'elle me trouvait vieux et laid! »

Je dois vous avouer que mon premier réflexe était de la traiter de maudite folle. Avouez que cela aurait été quasiment légitime. Le problème est qu'une dispute s'en serait suivie devant tous les étudiants et que j'aurais perdu toute ma belle énergie, mon enthousiasme, et l'auditoire l'aurait très bien senti. Elle aurait ainsi accompli sa mission qui est de partager et faire grandir son état intérieur de malheur, tel un vampire qui vous aspire votre énergie de vie. Vous savez, il y en a des gens comme ça, ils sont faciles à repérer : vous vous retrouvez vidé et mal à l'aise après les avoir croisés.

Par bonheur, une réflexion de ma mère m'est venue à

l'esprit. Elle disait : « Attention, lorsque tu t'obstines avec un imbécile, les gens qui vous observent ne pourront peut-être pas faire la différence entre vous deux. » Une autre idée m'est venue : « Wow, cette situation va me faire un mau-dit bon exemple dans mes futures conférences lorsque je voudrai expliquer que ce ne sont pas les événements qui ont un impact sur nous, mais bien notre réaction à ces événements. »

Une grande satisfaction est montée en moi et j'ai répondu seulement ceci : « Ben coudonc! »

Elle m'a regardé sans pouvoir dire quoi que ce soit; je venais de lui couper l'herbe sous les pieds, car une insulte en invite une autre normalement, mais pas dans ce cas-ci. Ha, ha, ha!

Elle semblait surprise et déconcertée par ma réponse, j'en ai profité pour me retourner vers mon ami pour lui faire signe de me présenter. Il ne comprenait plus rien, mais il s'est

exécuté. Ma « bonne amie » n'a pas eu d'autre choix que de quitter la scène, alors que je me retrouvais dans un état d'amusement sans égal et dopé par une énergie débordante, taquine et rafraichissante. Denis 1 , démon 0. Je me sentais comme le joueur qui venait de marquer le but gagnant en supplémentaire lors d'un 7 ème match d'une série 4 de 7 .

<u>À qui appartiennent les insultes? Elles appartiennent à la personne qui les offre, mais qui ne trouve pas preneur.</u> Si vous ne prenez pas les insultes et que vous répondez « ah ouan » ou « ben coudonc », vous refusez d'embarquer dans son jeu et la pauvre petite personne devra repartir avec son panier tout plein d'insultes.

Ne laissez pas n'importe quel malheureux frustré venir troubler votre paix et gruger votre énergie.

Si vous en rencontrez un et que vous utilisez cette technique, je vous assure que de voir la tête qu'il fera vous procurera beaucoup de plaisir tout en préservant votre paix et votre énergie sans compter que vous aurez en bonus une sacrée bonne histoire à raconter.

Même si vous avez effectivement raison, ça ne vous donnera pas nécessairement raison

Imaginons que nous sommes le plus objectif possible. Lorsque nous regardons les faits vérifiables, nous en venons à la conclusion évidente que nous avons raison et que l'autre personne a tort. Fier de cette position, nous présentons les faits à cette personne en imaginant qu'elle n'aura pas d'autres choix que de nous donner raison.

Pinnnnnnnnnnnnp (son d'un buzzer)! L'autre personne ne nous donnera pas nécessairement raison. Oui, mais vous avez des faits et des preuves à l'appui, me direz-vous. Je vous répondrai ceci : crotte !!

O.K! O.K! Vous auriez le droit de me dire « restons polis », mais ma réponse un peu rude est là dans le but de vous faire ressentir la frustration provoquée par ce genre de situation. Il est bien difficile d'accepter que l'autre refuse de voir les faits.

Il est temps d'une autre…

« Tranche de vie avec Denis Carignan »

Un de mes professeurs de psychologie avait l'habitude de nous dire à chaque cours sa phrase célèbre : « La peffefption, c'est la baaaave!! » Il faut dire que sa diction laissait un peu à désirer. Au 6e cours, j'ai enfin compris : la perception, c'est la base. Bon, mais c'est la base de quoi? Je l'ai compris au 8e cours : la perception est à la base de tous les comportements. (C'était le temps que je comprenne, l'examen arrivait à grands pas). Il nous démontrait que nous ne réagissons pas aux événements, nous réagissons à notre perception que nous avons des événements.

Ceci explique que nos arguments et nos preuves sont sans valeurs face à la perception que l'autre se fait de ces arguments et de ces preuves.

Le seul pouvoir est de donner d'autres informations afin que l'autre personne puisse les utiliser dans le but de construire une nouvelle perception de l'événement. Par exemple, l'autre est en colère contre vous, car vous êtes arrivé en retard. Elle vous accuse de lui manquer de respect. Plus tard, vous lui avouez que ce retard était provoqué par une rencontre dans laquelle vous lui avez organisé un surprise party. Cette nouvelle information va peut-être changer sa perception de ce retard.

Malheureusement, il arrive souvent que ce n'est pas aussi simple et que vous vous retrouviez avec une grosse frustration sur le cœur qui vous donne juste l'envie d'aller « dire les 4 vérités » à la personne fautive.

Bon, je vous gâte, voici une 2e...

« Tranche de vie avec Denis Carignan »

J'étais assis au bar avec mon grand ami en train de me plaindre du manque de reconnaissance d'une autre personne. Je démontrais avec plusieurs exemples en béton que j'avais tellement raison et qu'elle avait tellement tort, car elle

refusait systématiquement de reconnaitre ses torts et ma grande générosité. Galvanisé par mes arguments irréfutables, et imbu de ma vérité suprême, il me vient une idée de génie. Je dis à mon ami : « C'est décidé, je vais aller chez cette personne pour lui dire tous ses torts !!! » Mon ami hausse les sourcils et il me dit :

- Tu vois tous ces gars au bar?

- Ou.

- Eh bien, ces gars-là, ils ont tous raison.

C'est à ce moment que j'ai réalisé la futilité de mon idée de génie.

Je vous invite à vous expliquer lors d'un malentendu, mais si l'autre ne veut rien savoir, je vous suggère de faire le deuil d'être compris dans cette situation. Parfois c'est comme ça, nous ne sommes pas sur la même page. Il est préférable de l'accepter et d'aller de l'avant.

Il reste aussi un espoir : le temps. Chaque chose en son temps. Il se peut que votre communication soit claire, ouverte, remplie d'empathie, mais que l'autre ne soit pas rendu à l'étape de comprendre. Par exemple, un de vos enfants vous accuse à tort. Vous faites de votre mieux afin de vous expliquer ; rien à faire, les accusations demeurent. Vous trouvez que c'est injuste, mais c'est comme ça. Il est possible que 30 ans plus tard, votre enfant devenu parent arrive à l'étape de vous comprendre. Il manquait 30 années d'expérience pour changer sa perception.

Ce qui serait dommage, c'est que vous ayez gâché ces 30 années, car vous étiez malheureux d'être mal compris. Il faut s'expliquer de notre mieux et accepter le rythme de l'autre sans pour autant mettre notre vie sur pause en attendant d'être compris.

C'est compris ?

Message aux parents en général :
« Ça va bien ! »

Ici, je ne m'adresse pas aux parents qui ont des enfants qui souffrent de graves maladies mentales ou physiques ou qui vivent des tragédies.

Je m'adresse aux autres parents, c'est-à-dire aux parents en général. Vous savez, ceux qui ont des enfants imparfaits, qui font trop de bruit, qui ne ramassent pas leurs jouets, qui leur font honte parfois en public. Ceux dont les enfants, une fois devenus adolescents se transforment en chats.

Tout comme les chats, ces adolescents s'étendent sur le divan le plus moelleux, et ils y dorment toute la journée, se réveillent uniquement pour manger, s'adressent à vous seulement lorsqu'ils veulent quelque chose, ne bougent pas et restent muets lorsque vous leur donnez un ordre et qui se sauvent de peur lorsque vous passer l'aspirateur.

Vous savez, un ado normal qui vous donne l'envie périodique de l'étrangler.

En fait, ça va bien votre affaire.

Je donnais un cours au cégep et je mentionnais à mes étudiants que le soir même, j'allais donner une conférence pour les parents. Une jeune fille a levé la main avec un regard un peu sévère. J'étais surpris, car elle était toujours souriante, de bonne humeur avec une bonne attitude tout en étant la première de classe.

Elle m'a dit : « Vous direz aux parents d'arrêter de capoter et de nous encourager un peu! » Elle a ajouté : « Moi, lorsque je présente mon bulletin à mes parents, ils remarquent uniquement la note qui est un peu moins forte. Ils ne me parlent jamais de toutes les autres notes qui sont excellentes. »

J'ai passé le message aux parents lors de la conférence et je le fais aussi à l'aide de ce livre.

J'ai remarqué que plus les enfants sont performants, plus les parents sont inquiets. Par exemple, un couple vient me voir après la conférence pour me demander conseil, car leur fille, qui est en secondaire 5, a eu une légère baisse de note en maths et ils se demandaient si ça pourrait lui nuire pour le reste de son cheminement au cégep. Elle a eu 80% et d'habitude elle a 95%. Que faire?

Je leur ai demandé plus d'information sur elle. Ils me disaient qu'elle travaillait au restaurant, qu'elle faisait du sport de compétition et qu'elle s'impliquait à l'école.

Quelle est la solution? Que devraient-ils faire?

Ma réponse fut : « Ne faites rien et appréciez la chance que vous avez. »

Il n'y avait pas de problèmes réels, tout était presque parfait. Parfois, lorsque c'est presque parfait, nous avons tendance à regarder seulement le petit bout qui nous sépare de cette perfection.

Je sais que c'est un sujet très sensible, il y a probablement des parents qui ont envie de me tirer des roches en ce moment, car on doit pousser nos enfants vers l'excellence! Oui, c'est vrai, mais on va tous mourir et ça peut arriver bientôt. Peut-on apprécier ce que la vie nous prête en ce moment? La pression sera toujours là, ne vous inquiétez pas pour ça.

Cela me fait penser à une anecdote savoureuse : une mère excédée appelle une ligne ouverte à la radio où un psychologue répondait aux questions des parents.

Une fois qu'elle a obtenu la ligne, elle a dit avec un débit rapide qui laisse ressentir une grande exaspération : « Mon fils a les culottes à terre! (vous savez, la mode de porter les culottes tellement basses que l'on peut voir les sous-vêtements) Dites-moi comment faire pour qu'il les remonte, ça fait deux ans que je lui crie après, sans succès !! »

Le psychologue lui demande : « Est-ce que votre fils est en santé? »

- C'est quoi le rapport, je veux juste un truc pour qu'il remonte ses maudites culottes. Cela n'a pas de bon sens, il me fait honte! Et comment voulez-vous qu'il se trouve un travail plus tard avec cette stupide habitude?

- Répondez à mes questions et je vais vous donnez un truc à la fin.

- O.K., allez-y.

- Est-ce que votre fils est en santé?

- Oui, il n'est jamais malade, dit-elle enfin, excédée.

- Est-ce qu'il a des amis?

- Oui, la maison est toujours remplie par une gang de grands flancs mous!

- Est-il bon à l'école?

- Oui, mais il ne se force pas! J'arrête pas de lui dire de faire plus d'efforts, car il pourrait avoir des notes encore plus fortes!

- Est-il heureux?

- Ben oui! Lui pis sa gang de grands insignifiants n'arrêtent pas de rire dans le sous-sol en perdant leur temps!

Donc votre enfant est en santé, il a plein d'amis, il est bon à l'école et il semble être très heureux.

- Oui!

- Eh bien, laissez faire les culottes.

- Pourquoi???

- Parce que les culottes, madame, ça remonte en vieillissant et ça n'arrête pas de remonter avec l'âge. Donc laissez faire les culottes.

En fait, ça va bien. Toutes ces petites imperfections font partie du développement normal. Pourquoi ne pas continuer à faire notre rôle de parent, mais en gardant un léger détachement devant les turpitudes de leur développement?

N'oubliez pas! Nous aussi, nous sommes déjà passés par là ; ils ont donc le droit à une marge d'erreur, eux aussi.

La règle du 24 Heures

Je m'adresse ici aux parents qui ont des adolescents dont le talent principal est de savoir quoi faire pour vous rendre fou. Je m'adresse donc à tous les parents.

Ah, l'âge ingrat! L'adolescence! La période qui peut ébranler votre santé mentale. On va se l'avouer : nos petits chérubins adolescents ont parfois le don de nous faire sortir de nos gonds.

C'est dans ces moments de haute frustration que nous pouvons dire des phrases assassines. Un proverbe chinois dit : « Même 4 chevaux ne peuvent rattraper une parole qui s'est échappée de votre bouche. »

Les paroles peuvent laisser des traces profondes qui mettent parfois une vie entière à réparer. La parole a eu effet uniquement si la personne y croit. Un ado ne se connait pas, son estime de soi

n'est pas au maximum. Si un parent excédé lui hurle une insulte, il a plus de chance d'y croire ; s'il y croit, la parole va lui faire du mal.

Un autre proverbe dit : « Une parole retenue peut nous éviter mille regrets. »

Il y a aussi : « Le silence est d'or, la parole est d'argent. »

Vous comprenez le principe? Mieux vaut se taire. Je ne dis pas de se taire à jamais. Je dis seulement que plus vous avez envie de hurler quelque chose à votre ado lors d'une chicane, plus il est préférable de garder le silence. Il est avisé de suivre les indications d'une douce intuition, mais une émotion intense n'est pas bonne conseillère.

Bon, vous allez me dire que la retenue de votre explosion de colère va finir par vous créer une crise cardiaque? Heureusement, j'ai une solution : la règle du 24 heures! Je m'explique : lorsque vous avez envie d'assassiner votre ado, vous lui dites : « Je vais te tuer… demain! » Bon, vous ne lui dites pas « je vais te tuer demain », mais vous lui dites : « Stop, je suis trop en colère! On va se parler demain, dans 24 heures. »

Le lendemain, tout nous parait beaucoup plus simple, et notre ado aussi a eu le temps de réfléchir. Vous vous donnez un rendez-vous pour régler la situation, mais dans un état mental plus calme.

Les adolescents n'ont pas un cortex préfrontal mature. Cette partie du cerveau permet entre autres de maîtriser les pulsions et d'avoir un comportement socialement acceptable. C'est un peu comme si le frein à main n'était pas efficace. Un adulte peut avoir dix fois plus de facilité à se contenir qu'un ado lorsqu'une pulsion fait son apparition. La règle du 24 heures est une bénédiction pour votre ado. Et pour vous aussi!

Cette règle peut devenir un code bien compris avec votre enfant. En plein milieu d'une dispute, vous pouvez dire : « Stop, on s'égare, on utilise la règle du 24 heures. » Ça peut être une bénédiction pour les duo parents-ados qui ont tous les deux un tempérament explosif.

« The Doors » :
les portes de la perception... de la paix!

Où se trouve la paix? Comment y accéder? J'ai eu ces réponses à travers une de mes expériences dans la vingtaine mais, bien entendu, je n'avais rien compris à l'époque.

Avant de vous expliquer pourquoi, laissez-moi vous partager cette...

« Tranche de vie avec Denis Carignan »

Alors dans la jeune vingtaine, j'étais avec une gang de chums à Cuba. Un soir, nous nous sommes retrouvés dans un spa sur la plage de Varadero. Nous avions apporté notre lecteur de cassette portatif. En fait, à l'époque, plus ces

lecteurs étaient énormes, mieux c'était. On y mettait environ 6 batteries format D. On aurait pu « booster un char » avec cet engin-là.

On riait, on disait des conneries et on buvait du rhum. La routine habituelle, quoi! À un moment donné, j'ai porté attention à la sensation de mon corps dans l'eau chaude, à la caresse du vent sur mon visage et dans mes cheveux, à l'odeur de cette brise saline, au bruit des vagues qui venaient finir leur course sur la plage. Toutes ces sensations m'ont tellement détendu que j'ai appuyé ma tête sur le bord du spa et j'ai réalisé qu'il y avait des milliers d'étoiles qui scintillaient dans le ciel et j'ai aussi porté attention à la musique qui jouait. C'était «This is the end » du groupe *The Doors*. Il est monté en moi un sentiment de paix profonde et j'avais l'impression que j'étais connecté avec tout l'univers. Cette sensation était si étrange et nouvelle que j'en suis sorti pour revenir à mon état de conscience habituelle, c'est-à-dire au bruit incessant du mental.

Bien entendu, je n'y avais rien compris. C'est bien des années plus tard à travers les enseignements d'Eckhart Tolle que j'ai pu comprendre. En fait, j'ai seulement utilisé les 2 portes qui nous amènent à la paix, c'est-à-dire le corps et le moment présent. On pourrait dire aussi les informations du corps dans le présent. C'est aussi simple que cela.

Je me suis toujours imaginé que j'aurais peut-être la paix un jour après avoir réalisé un grand projet dans lequel je me serais dépassé de manière exceptionnelle. Il est vrai que nous pouvons vivre une certaine satisfaction momentanée lors de l'atteinte d'un objectif, mais celle-ci est bien temporaire et nous nous retrouvons vite à la recherche d'un autre but et nous perdons cette satisfaction.

Je réalise maintenant que la paix est toujours là, tapie sous nos pensées, sous la tyrannie de notre ego et sous les souvenirs de nos traumatismes. Comment éviter tous ces pièges? Faut-il tous les contrôler? Pas du tout, la paix est disponible à tout instant. Il suffit simplement de porter toute votre attention aux sensations de votre corps et à ce qui vous entoure dans le moment présent.

Le secret est que cette attention vous débranche du bruit incessant du mental et de l'ego, puis pouf!, vous goûtez une ou deux secondes de paix.

Vous pouvez dire que ces 2 secondes ne sont pas grand-chose. Mais je vous assure que c'est une révolution. Vous venez de trouver la porte qui vous sort du mental pour accéder à la paix. Cette porte peut être franchie à plusieurs reprises par jour. Votre tolérance à l'enfer de la pensée va diminuer de plus en plus et votre réflexe de revenir ici, maintenant, va augmenter tout autant.

Vous allez produire ainsi de la paix.

Lorsque vous portez attention aux sensations du corps et à ce qui est autour de vous dans le présent, vous provoquez une pause dans le flot incessant des pensées. Et l'enfer, c'est de croire ses pensées.

Dans ce court moment de non-pensée, vous avez accès à la paix, mais aussi à un état de conscience plus profond, plus vaste. Vous pouvez aussi avoir la sensation que le vide apparent du moment présent est en fait plein de vie, plein de paix.

J'ai deux moments dans la journée où je peux parfois y accéder. Le matin, lors du déjeuner, je m'arrête parfois de manger pour regarder autour de moi quelques secondes. Je regarde le soleil par la fenêtre, je porte attention à la musique qui joue, je regarde l'immobilité de la pièce et, souvent, une sensation de paix et même de bonheur monte en moi. Parfois, le soir, lors de ma séance de lecture, il m'arrive d'arrêter de lire pour seulement regarder la pièce où je me trouve. Cet arrêt me remplit. J'ai l'impression étrange qu'il y a de la vie autour de moi. Il faut juste arrêter et regarder sans analyser, juste être là. Je réussis à le faire seulement pour quelques secondes, mais le bénéfice est profond.

Et aujourd'hui, je n'ai même pas besoin de rhum pour y arriver. C'est moins difficile sur le body.

Connaissez-vous le syndrome Lolo Bimbo?

Ne le cherchez pas dans un manuel de psychologie, car ce syndrome n'existe pas. Je viens juste de l'inventer dans le but de vous expliquer un des leurres du mental.

Imaginons une histoire fictive qui mettrait en scène Madame Lolo Bimbo (ça serait son nom de scène). Elle est mannequin, chanteuse et actrice reconnue pour sa poitrine des plus opulentes.

Tout a commencé par un sentiment de manque, d'incomplétude. Elle voulait être connue et aimée. Elle a cru qu'une augmentation mammaire comblerait ses manques et qu'elle se sentirait bien dans sa peau.

Eh bien, cela a fonctionné : l'augmentation mammaire a rempli ses promesses. Elle se sentait bien, elle est devenue plus connue et ses manques se sont envolés… pour un temps.

Les sentiments de manque et d'incomplétude sont revenus tout doucement jusqu'à ce qu'ils provoquent un malaise assez grand pour lui faire chercher une autre solution. Que faire pour taire ce mal-être? Une autre augmentation mammaire fera sûrement son effet. Si l'augmentation est beaucoup plus grande que la dernière, elle donnera sûrement un plus grand résultat.

Et va pour une deuxième opération qui apporta un soulagement à Madame Bimbo. Vous devinez peut-être la suite : le cycle d'insatisfaction et d'opération s'est poursuivi jusqu'à ce qu'elle meure d'une complication lors de sa dernière augmentation mammaire. Elle avait pourtant réussi à obtenir un record Guinness en tant que la femme qui possède la plus volumineuse poitrine au monde.

Que peut-on apprendre de cette histoire imaginaire? On peut juger cette personne en se disant que nous n'avons vraiment pas le même genre de problème qu'elle. On peut se dire : « Franchement, je ne ferai jamais ce genre de chose! » En êtes-vous sûr?

Que faisons-nous lorsqu'un sentiment de manque et d'incomplétude se fait sentir? Je crois que nous cherchons souvent à le combler à l'extérieur de nous dans les objets ou dans les réalisations.

Par exemple, vous avez vécu pendant un certain temps dans votre maison qui répond à vos besoins. Une plus grande pourrait devenir très attirante. Vous avez réalisé un projet à votre travail qui a été très apprécié par tous vos collègues. Réaliser un projet beaucoup ambitieux pourrait devenir très attirant.

Je vous entends penser! En fait, je suppose que vous vous dites : « Heille, il y a pas de rapport entre l'histoire de Madame Bimbo et le fait de s'acheter une plus grande maison ou de réaliser un projet plus ambitieux! »

O.K! O.K! À première vue, vous avez raison. Il n'y a effectivement rien de mal dans mes exemples de maison et de projet. Le « oups » se retrouve dans la motivation à la base de ces exemples.

Si je cherche à me trouver dans des objets ou des projets, je risque de commencer une course sans fin et surtout sans satisfaction durable, car le manque est intérieur et la recherche est extérieure.

Il n'y a rien de mal à jouer avec le matériel et à se dépasser dans les projets, le problème est de tenter de s'y trouver.

L'ego dit : « Je suis ce que je fais, je suis ce que je possède. » Cette définition nous condamne à l'angoisse car, avec le temps, nous pouvons en faire de moins en moins et tout ce que nous possédons peut être perdu un jour.

Notre grosse maison peut faire gonfler notre ego surtout si nous invitons des gens qui en possèdent une plus petite. Cette satisfaction est de courte durée car, un jour, nous allons en rencontrer qui en ont une plus grosse (je parle de maison là, les amis!). La satisfaction liée à la maison va bientôt se transformer en angoisse, car si nous venons à perdre notre argent, nous allons peut-être perdre la maison et le sentiment de soi qui y est relié. Il faudrait donc tenter de diminuer cette angoisse en travaillant plus afin de mettre plus d'argent de côté pour étouffer cette peur.

Vous voyez? On tombe dans le même piège que Madame Bimbo : faire plus de la même chose pour faire taire nos malaises.

Où est la solution?

Continuons de jouer avec le matériel, amusons-nous à réaliser des projets, mais n'espérons pas nous y trouver.

Ma manière d'y arriver est de tenter de voir mon ego à l'œuvre ; ainsi, je peux le voir m'influencer et lorsque j'y arrive, j'en deviens détaché pour un instant. Ce court moment est une grâce, car il me permet de ne plus être sous son emprise. Mon inconscience n'est plus totale et permanente. Ces hiatus me permettent de respirer et de me demander ce que je recherche vraiment.

Par exemple, je voulais mettre certaines photos sur Facebook. J'ai pris un temps pour me demander : « Qu'est-ce que je recherche dans cette action? » J'y ai vu mon ego qui voulait se gonfler un peu : «Regardez-moi, dit-il, je suis dans un endroit paradisiaque et pas vous! Je vaux plus que vous! Cette prise de conscience me détache de mon ego pour un court laps de temps, assez pour ne plus y être totalement identifié, assez pour avoir un autre choix.

Notre âme est entière, elle n'amène pas un sentiment d'incomplétude ou de manque. Elle nous guide alors vers un chemin qui est en harmonie avec le courant de notre vie, mais pas nécessairement en accord avec les attentes conditionnées de notre environnement.

L'écoute de notre âme entraîne un jugement de notre entourage, surtout si ce dernier est bien adapté à la société. Si nous ne connaissons pas notre nature profonde, il est bien difficile de résister à cette pression, ce qui entraîne une course folle dans le matériel et les projets pour tenter de s'y trouver.

Le lien avec notre âme nous permet de réaliser que nous sommes assez ; aucune réalisation et aucun matériel ne peut agrandir ou diminuer la qualité de notre nature. Ceci entraîne une paix qui nous permet de jouir du matériel et des projets sans l'angoisse sous-jacente qui y réside.

Nous sommes arrivés dans ce monde nus et les mains vides et nous allons le quitter de la même façon. Si nous tentons de construire un sentiment de soi à travers le matériel et les projets, nous risquons de courir comme des poules pas de tête jusqu'à la folie et l'épuisement dans notre vie active et de vivre notre vieillesse comme un naufrage, car nos capacités diminuées ne nous permettront plus de maintenir une croissance. Le déclin des capacités serait perçu comme une perte de valeur de soi, comme la diminution de sa personne.

C'est un chemin sans issue ; je préfère en chercher un autre et ne pas finir comme Madame Bimbo!

La pire chose qui pourrait m'arriver serait de régler mes problèmes

« Ben non, Denis, tu te trompes, nous voulons tout faire pour régler nos problèmes. » En général, c'est vrai. Mais dans certaines circonstances, nous tenons jalousement à nos problèmes, même s'ils sont résolus depuis longtemps, et la pire chose qui pourrait nous arriver serait de les régler une fois pour toute.

Ce phénomène peut se produire lorsque notre ego entre en jeu. L'ego doit être remarqué pour exister. Il tente donc d'être remarqué en étant le meilleur ; s'il n'y arrive pas, il peut être remarqué en ayant des problèmes et en étant une victime. Ce qui est génial avec le fait d'être victime, c'est que nous pouvons attirer l'attention sur notre triste histoire, mais en plus, l'autre a tort, ce qui fait que nous avons donc raison. L'ego préfère crever plutôt qu'avoir tort. En fait, avoir tort lui enlève de l'importance. L'ego croit qu'il vaut plus s'il a raison. On a le choix entre avoir raison ou être heureux. L'ego préfère être une victime malheureuse et avoir raison.

Sous l'emprise de l'ego, nous voulons raconter notre triste histoire de victime, car l'ego existe tant qu'il est remarqué. Régler le problème entraîne la fin de l'histoire, la fin de l'ego. Ne vous inquiétez surtout pas, l'ego va renaître sous forme d'un autre problème à raconter ou sous forme d'une autre guerre à mener.

La pire chose qui pourrait arriver serait d'être en paix et en harmonie avec la vie ; ceci amènerait une mort de l'ego, car cette paix et cette harmonie l'empêchent de se distinguer des autres, de se faire remarquer.

Lorsque des gens se trouvent dans cet état d'esprit, ils racontent leur histoire de victime à qui mieux mieux. Est-ce qu'ils nous demandent la permission de se raconter? Non, ils distribuent! À chaque solution proposée, ils nous trouvent un problème! En fait, inconsciemment, ils ne veulent pas régler leurs problèmes, mais plutôt les raconter et ainsi faire vivre et gonfler leur ego. Vous leur nuisez avec vos satanées solutions! Tout ça se passe de manière inconsciente, bien sûr.

Vous pouvez faire la différence avec une personne qui souffre et qui a besoin d'une oreille attentive afin d'y voir plus clair. Dans ce cas, donnez-lui votre plus belle écoute. Si vous êtes devant la personne chialeuse qui veut juste se plaindre, de grâce, ne tuez pas ce pauvre petit ego en lui donnant une solution, dites un bon « ah ouan » et quittez les lieux. Ne la laissez pas gruger votre énergie et troubler votre paix. Vous avez le devoir de vous protéger.

Avant, je me sentais coupable de couper court à la conversation et de partir. Je ne me trouvais pas bien gentil. Je me disais : « Pauvre elle! » Cette personne souffre et elle demande de l'aide. En fait non, si je discerne qu'elle est dans la categorie chialeuse aller-

gique aux solutions, je me pousse en me sentant moins coupable. Est-ce qu'elle m'a demandé la permission pour m'accabler avec tous ses problèmes qui lui sont si précieux? Pas du tout, j'ai donc le droit de refuser de l'écouter. Son côté victime pourra la pousser à me juger et à déblatérer sur mon compte, mais pour une victime professionnelle, ce n'est qu'une question de temps avant que cela ne se produise.

Je répète : je garde ma meilleure écoute pour ceux qui en ont besoin réellement et non pour ceux qui veulent seulement radoter encore les mêmes problèmes comme un vieux disque qui saute.

Il n'y a pas que les autres qui agissent de la sorte.

Alors, la prochaine fois que vous racontez vos problèmes, observez-vous. Il y a des intentions qui sont saines. Par exemple, est-ce dans le but de se faire soutenir par un ami, est-ce dans le but de trouver une solution pour s'en sortir? Il y a des intentions qui sont motivées par l'ego, comme par exemple, pour se faire plaindre, pour se venger et donner tort à l'autre et raison à soi-même. Si vous vous surprenez dans ces situations, pardonnez-vous et dites à votre ego : « Tu as besoin de te venger, mon petit? » Cette petite phrase nous permet de nous désidentifier de notre ego et de réaliser, ne serait-ce que pendant quelques secondes, que nous avons été sous l'emprise de celui-ci. C'est déjà une grande victoire.

Pour finir, posons-nous la question à savoir s'il y a des problèmes auxquels nous tenons depuis des années. Si oui, qu'est-ce qu'on en retire comme gain? Si les gains sont de se venger, de se plaindre, de donner tort à l'autre et de se donner raison, eh bien, on peut croire qu'il n'y aura jamais de fin, car faire la paix et pardonner détruit tous ces gains.

Alors, voulons nous avoir raison ou être heureux?

Qu'est-ce que ça prend pour être heureux?

Ça ne prend rien.

Oh, j'entends des objections dans la salle! Bien sûr, il y a des conditions de vie plus favorables au bonheur et des conditions qui semblent nuire au bonheur. C'est vrai.

Je maintiens malgré tout que ça ne prend rien. Vous connaissez sûrement des gens privilégiés qui sont malheureux et des gens qui n'ont presque rien et qui sont heureux.

Oh, il y a d'autres objections! Décidément, vous êtes en forme aujourd'hui! Certains disent que d'atteindre nos objectifs nous comble de joie et de satisfaction. C'est vrai, mais seulement pour un temps; l'effet s'émousse et nous sommes vite à la recherche d'un autre objectif.

Il n'y a rien de mal à chercher à améliorer nos conditions de vie et à se fixer des objectifs. Comme je le soulignais plus tôt, le danger est de tenter de s'y trouver et de déterminer notre bonheur seulement une fois que ces objectifs et que ces conditions seront atteints.

Si notre bonheur dépend de conditions ou d'atteinte d'objectifs, il se trouve alors dans le futur et c'est le début d'une quête qui n'a pas de fin.

Le bonheur est un état intérieur. Nous pouvons être heureux en attendant l'autobus comme ça, sans raison. Selon Jean Giraudoux : « Le bonheur est une petite chose que l'on grignote, assis par terre, au soleil. »

Et si le bonheur pouvait être gratuit et disponible en ce moment? Cette idée peut sembler bizarre, car nous sommes habitués à le chercher dans le futur ou à le regretter, comme si il se trouvait dans le passé.

Cette disposition mentale me fait penser à une pancarte que j'ai vue dans un bar. Il y était écrit : « Bière gratuite demain ». Wow, quelle belle promotion! Je vais revenir demain. Le lendemain, vous faites face à la même pancarte... et le tout se répète...

Je commence à comprendre un peu ce que représente la richesse du moment présent. Parfois, je m'arrête pour observer où je suis. Il s'ensuit une courte pause dans l'ouragan des pensées et une douce paix se fait sentir. Et si la paix avait toujours été là? C'est un état que nous avons connu lorsque nous étions enfants, complètement immergé dans la vie. Malheureusement, la vie d'adulte nous a fait croire que nos pensées étaient tellement importantes qu'il fallait s'y noyer.

En fait, le bon vieux temps, c'est en ce moment, mais nous n'en sommes pas toujours conscients, trop occupés à poursuivre le bonheur dans le futur.

Dans les relations humaines,
deux négatifs n'égalent pas un positif

Une bonne amie est venue me trouver pour me demander conseil. Son ex la dénigrait devant leurs enfants. Il affirmait que leur mère avait eu des comportements répréhensibles qu'ils décrivaient en détails.

Le plus enrageant dans cette histoire est que non seulement les accusations étaient fausses mais, en plus, c'était l'ex qui avait eu ces comportements répréhensibles.

Que faire? Que faire?? Je lui ai simplement dit : « Farme ta gueule ».

Bon, en fait, j'ai été plus poli, mais ça voulait dire la même chose. Attention, elle a le droit de rectifier ce qui la concerne, elle peut dire qu'elle n'a pas fait les comportements dont elle est accusée, mais <u>elle ne doit en aucun cas parler des comportements de son ex.</u>

Pourquoi ne pas décrire tous les mauvais comportements de l'ex ? Il a bien osé le faire, lui, l'écœurant?

Premièrement, vos problèmes de couple ne concernent aucunement vos enfants qui n'ont rien à faire là-dedans.

Deuxièmement, les enfants aiment les deux parents ; dénigrer votre ex, même si vous avez raison, va faire du mal à vos enfants. Voulez-vous avoir raison ou faire du mal à vos enfants? Il faut choisir.

Troisièmement, allez aussi bas que votre ex n'aidera pas à améliorer la situation. Deux négatifs n'apportent pas du positif dans les relations humaines. Restez digne parmi les immondices, de toute façon la vérité finit toujours par éclater. Dans l'avenir, vos enfants n'en seront que plus admiratifs face à votre dignité lorsqu'ils apprendront que vous étiez condamné à tort.

Le fait que votre ex descend aussi bas n'efface pas le fait que vous avez décidé de répliquer aussi bas que lui. Si vous allez à son niveau, vous n'êtes pas mieux, même si c'est lui qui a commencé.

Mon ami a donc décidé de se tourner la langue ; elle l'a tellement fait que je crois qu'elle a souffert d'un torticolis de la langue. Certaines personnes qui ont des connaissances en médecine vont m'accuser de créer une fausse maladie, mais je trouve qu'elle décrit bien les efforts de mon amie, alors j'affirme qu'elle a souffert d'un torticolis de la langue.

Soyez la personne qui pousse vers le haut et qui tente de rester digne.

S'il vous arrive de salir votre ex (personne n'est parfait), faite amende honorable, et excusez-vous auprès de vos enfants en leur disant que vous n'avez pas à leur dire les fautes de l'autre parent.

Vous pouvez aussi suggérer à vos enfants de demander à votre ex d'arrêter de parler en mal de l'autre parent et tentez de respecter cette demande vous-même.

Un positif et un négatif peuvent peut-être s'annuler dans le mal qui est fait. Optez pour le positif, ça sera toujours cela de gagné et vous n'allez sûrement pas le regretter plus tard.

De plus, n'oubliez pas qu'il est très important de bien réussir son divorce, car en général, il dure beaucoup plus longtemps qu'un mariage…

Chaque fois que tu oses,
c'est un regret de moins pour l'avenir

Cette phrase m'a été dite par une participante à l'une de mes conférences. Je suis chanceux, j'en reçois souvent et je vous en remercie.

Depuis ce moment, je m'en sers très régulièrement, surtout lorsqu'il y a des risques inhérents à projet qui se présente dans ma vie.

J'écoute de plus en plus ma petite voix, car je sais maintenant que ça coûte très cher en temps, en souffrance, en énergie et en argent lorsque je ne l'écoute pas. Le poète québécois Michel Garneau a déjà dit : « L'écœurement, c'est le début de la sagesse ». Je ne suis peut-être pas sage, mais je suis écœuré, je vous en passe un papier. J'écoute donc un peu plus mon intuition, malgré la peur que cela fait naître, car celle-ci ne me propose pas toujours des projets très logiques.

Mon cœur me demande de faire des choses parfois risquées. La logique me dit de ne pas le faire, car il y a un risque d'échec. Maintenant, le plus grand échec pour moi, c'est le risque du regret.

Il paraît que l'un des plus grands regrets des personnes mourantes ne sont pas les choses qu'elles ont faites, mais ce sont plutôt les choses qu'elles n'ont pas osé faire. Elles disent : « J'aurais donc dû ». Moi je dis : « Dans le cul, les j'aurais donc dû »!!!

Excusez-moi, je me suis emporté, je crois.

Oui, les regrets me mettent en colère. Je préfère maintenant oser un peu plus, même si la logique m'avertit des dangers.

Je ne propose pas d'agir impulsivement en évitant de regarder les risques possibles. Je suggère de bien envisager les réalités probables, et de décider en utilisant l'intuition et la logique. Si l'intuition gagne, nous avons plus de chance d'assumer notre décision lorsque les problèmes arriveront, car nous savions par l'entremise de notre côté logique que les risques faisaient partie du projet.

En fait, si nous voulons éviter les risques, il faut éviter de vivre et cela représente le plus grand des risques, celui de devenir un mort-vivant. Certains meurent à 20 ans et on les enterre à 80 ans...

Il arrive souvent que l'on se donne des critères logiques pour déterminer si notre projet qui nous a demandé de l'audace a été un succès. Encore une fois, j'ai envie de faire une colère. Il n'y a pas seulement les critères logiques qui entrent dans l'évaluation, car la vie est beaucoup plus vaste que cet aspect.

Allez, voici une petite...

« Tranche de vie avec Denis Carignan »

L'hiver dernier, ma petite voix m'a dit qu'il fallait que je prenne un congé à la session prochaine, de juin à décembre. Le problème est que cela entraînait une perte de salaire de 50%. Malgré cela, mon intuition était claire : je devais prendre ce congé. Ma logique est venue faire un tour et elle a statué que ce congé serait un succès si je profitais de ce moment pour augmenter le chiffre d'affaires de mes conférences et ainsi compenser pour ma perte de salaire. Jusqu'ici, ça se tient, j'ai donc fait beaucoup plus de sollicitation durant l'hiver.

Le congé arrive et une grande fatigue s'invite accompagnée d'une jolie labyrinthite bien étourdissante. Les deux premières semaines de mon congé se sont déroulées bien assis sur une chaise en bougeant à peine et, de plus, moins de contrats sont entrés pour la durée de ce congé.

Selon mes critères issus de la logique, c'était un échec total.

Dans un plus grand ordre des choses, est-ce un échec? Il n'y a pas seulement un côté logique et des critères de performance qui déterminent si une action a été un succès.

Avec un peu de recul, j'ai réalisé que j'avais vraiment besoin d'un grand repos et le nombre peu élevé de contrats était finalement une bénédiction dans à cette période de ma vie.

J'ai donc accepté ce moment comme il était et j'ai décidé de prendre vraiment un congé. J'ai arrêté de chercher des contrats et j'ai fait ce qui me paraissait primordial pour le moment, c'est-à-dire faire un grand RIEN.

Quel bonheur de ne plus s'opposer à ce qui est. J'ai baissé ma garde et j'en ai profité pour me reposer physiquement et psychologiquement. J'ai fait un grand vide.

C'est le vide qui permet de donner de l'espace et ainsi pouvoir faire le plein par la suite. Le vide est essentiel à la vie, à la régénération de ce celle-ci.

Ça faisait un bon mois que je vivais comme une plante verte, me laissant chauffer au soleil et caresser par le vent sans chercher à produire, sans tenter de trouver une direction. Et puis comme ça, sans raison particulière, j'ai fait une petite vidéo que je comptais publier sur Facebook.

Sans le savoir, je venais d'ouvrir les valves à ce qui s'était accumulé dans mon espace vide ; il y avait un plein d'idées. J'ai filmé 8 vidéo dans un après-midi.

Le soir, j'ai réalisé que les idées de ces vidéos feraient un bon livre, et que je pourrais en tirer une nouvelle conférence. Encore une fois, j'ai dit oui et le livre s'est écrit sans effort, presque malgré moi, et vous le tenez entre vos mains en ce moment.

La vie est mystérieuse, nous ne pouvons pas toujours la comprendre, la deviner et la contrôler. Elle ne s'évalue pas uniquement sur des critères qui reposent sur la logique.

Notre cœur nous parle et ses propos peuvent sortir des conventions sociales et des considérations rationnelles. Une plus grande ouverture à ses invitations nous aidera à vivre de manière plus proche de ses mouvements, de manière plus respectueuse de notre vraie nature et cela nous assurera sûrement à avoir moins de regret à l'avenir

Ne prenez pas les choses de manière personnelle

Facile à dire, mais c'est parfois très difficile à faire surtout lorsque quelqu'un vous juge de manière très négative.

J'ai un truc pour vous aider. Lorsqu'une personne vous juge très sévèrement, <u>rappelez-vous que vous n'avez probablement rien à voir là-dedans car, en général, cette personne parle d'elle-même.</u>

Je vous entends dire : « Ben là, c'est difficile à croire, car elle parlait de moi, elle ME jugeait! » Je vais vous donnez un exemple afin de vous démontrer que la plupart du temps, lorsqu'on reçoit un jugement, la personne qui juge parle d'elle-même ou du moins parle de SA perception, de SON point de vue, et cela implique que bien souvent, vous n'avez rien à voir là-dedans.

Imaginez qu'une jeune femme de 25 ans me dise que je suis vieux et laid. Je n'ai rien à voir là-dedans, elle parle d'elle-même, je ne dois pas prendre cela de manière personnelle. Vous pouvez rétorquer : « Ben non, Denis, elle parle de TOI. » Je persiste et je signe : elle parle d'ELLE, de SON point de vue, de SA perception.

Premièrement, elle a 25 ans et j'en ai 50 ; de SON point de vue, je suis vieux. Si une femme de 85 ans me dit que je suis jeune, elle parle aussi de SON point de vue, donc pour elle, je suis jeune. Coudonc, suis-je jeune ou suis-je vieux? Si je me fie aux jugements des autres, je ne pourrais même pas évaluer cela. Nous devons être un peu plus auto-référent. Lorsqu'une personne nous juge, nous devons passer ce jugement aux filtres de notre perception que nous avons de nous-même. Si la critique est confirmée par notre jugement, nous pouvons la prendre et l'utiliser pour nous améliorer, mais si elle ne correspond en rien à notre perception, nous ne devons pas la prendre de manière personnelle.

Continuons mon exemple de la jeune fille. Elle m'a dit aussi que je suis laid; encore une fois, elle parle de SA perception. Elle est en train de me dire : tu ne corresponds pas à MES critères de beauté. Pour elle, un bel homme porte des camisoles de basket-ball super longues, avec des pantalons très grands qui descendent à la mi-cuisse afin de laisser entrevoir les sous-vêtements. Il est coiffé d'une calotte blanche dont la palette est sur le côté. Ce genre d'homme boit des boissons énergisantes à bord de sa Honda Civic modifiée afin de faire le plus de bruit possible et son principal patois est *motherfucker*. Eh bien non, je ne corresponds pas à ces critères, mais ça ne fait pas nécessairement de moi un homme laid. Il y a plusieurs critères de beauté, et il est possible qu'il y en ait au moins un qui me corresponde, du moins, je l'espère.

Imaginez maintenant qu'une femme de 85 ans me dise : « Tu es jeune et beau! » Bon, là on peut dire qu'elle a des critères justes et objectifs !!

Oups, je m'égare! Elle aussi parle de SON point de vue. Ses critères ne sont pas objectifs.

Du haut de ses 85 ans, je suis jeune, et selon SES critères, je suis beau, encore une fois, je ne dois pas prendre cela de manière personnelle. Je corresponds seulement à SES critères de beauté, c'est tout.

Je dois vous raconter une anecdote particulièrement croustillante à ce sujet... Allons-y avec une...

« Tranche de vie avec Denis Carignan »

Je donnais une conférence à un groupe de personnes âgées. Après la conférence, il y avait un repas; une femme d'environ 85 ans s'est assise en face de moi. Elle était très souriante et avenante. Nous avons passé un très bon moment ensemble. À la fin du repas, elle me dit avec un petit sourire coquin : « En tous cas, vous saurez que j'aimerais bien vous attacher vos lacets le matin! »

Je n'ai rien à voir là-dedans!!! Je faisais face à une cougar, disons une méga-cougar qui avaient des critères de beauté correspondant à ma personne!!!

Bref, les gens parlent à travers leurs multiples filtres. Si nous prenons tout pour des preuves, nous serons ballotés au fil des perceptions de toutes les personnes qui nous rencontreront. Sans un minimum d'auto-référence, nous allons nous laisser blesser inutilement et nous allons vite perdre notre estime, notre identité et notre paix.

Tentez d'utiliser les évaluations qui sont conformes à la réalité que vous pouvez attester afin de vous améliorer et pour le reste, dites-vous : « Qui m'aime me suive! »

Accepter ce qui est, amène une action juste

Une objection courante est de dire que si nous acceptons ce qui est, nous allons devenir passifs et subir ce qui est là comme des victimes sans pouvoir sur notre vie.

Cette erreur de perception vient du fait qu'il y a une subtilité très difficile à percevoir qui apparaît lors de l'acceptation de ce qui est.

Lorsque nous disons oui à ce qui est, nous cessons d'être en mode réactif de la victime qui se plaint. Nous cessons de résister à la réalité. <u>Toute notre énergie devient donc disponible à gérer la réalité et non d'y réagir ou d'y résister.</u> Cette disposition mentale amène une action juste, qui est conforme à ce qui est et non à une réaction qui résiste, qui se plaint.

Tant que je résiste ou que je me plains, je ne suis pas en mode solution et il y a une énorme dépense d'énergie qui est utilisée pour résister à la réalité.

Si je dis oui à ce qui se présente, toute mon énergie est disponible et alignée dans l'intelligence du moment. Il y a un recul qui nous permet d'agir et non de réagir. Il y a un lâcher prise, ce qui signifie qu'il y a une acceptation de ce qui est.

En voici un exemple. Cet été, ma petite voiture sport allemande a eu plusieurs problèmes mécaniques dont un qui a demandé trois réparations différentes pour le même problème. Bonjour les dépenses!

Il m'est venu plusieurs réactions face à ces différents ennuis mécaniques. Par exemple, je la vends sur le champ à un prix ridicule, je ne la répare pas, je la laisse mourir de vieillesse dans mon garage, je la mets sur un tas de roche et je pars sans laisser d'adresse. Finalement, j'ai fait toutes les réparations demandées au cours de l'été et j'ai pu profiter d'un automne particulièrement doux pour faire des *road trip* très agréables.

Lors de l'une de mes dernières balades, une lumière clignotait dans mon tableau de bord pour indiquer que mon problème, qui avait demandé 3 réparations onéreuses, était encore présent.

Je me suis esclaffé de rire !! Ben coudonc, il semble qu'il y ait encore un problème! Avant de paniquer, je vais aller tout de suite au garage et on va voir ce qui se passe, point. Pas de cris, pas de réactions, pas de colère, rien. J'ai juste accepté ce qui est, et une action juste est venue, sans perte d'énergie.

Finalement, il manquait 200 ml de liquide refroidisseur, c'est tout. Imaginez ce que j'aurais pu faire si j'avais paniqué.

La fin de l'histoire n'est pas toujours heureuse, mais si notre action provient de l'acceptation de ce qui est, elle aura beaucoup

plus de chance d'aller vers une action harmonieuse sans perte d'énergie ni psychodrame.

Le oui amène une action juste qui est soutenue et guidée par l'intelligence qui est au cœur du moment présent.

Dire oui à ce qui se présente amène une puissance décuplée au cœur de notre vie, accompagnée d'une paix qui guide nos actions dans une économie d'énergie, voilà la puissance de l'acceptation de ce qui est.

Pas mal, n'est-ce pas?

Reviens ici

Voici un petit truc tout simple pour avoir la paix. Je l'utilise quotidiennement à plusieurs reprises.

Aussitôt que vous vous sentez mal, que vous éprouvez un malaise, comme de l'anxiété, de la pression, des craintes, etc., dites-vous : « Reviens ici! »

C'est aussi simple que ça.

Vous pourriez me dire : « À quoi ça sert de revenir ici? »

Eh bien, ici, la plupart du temps, ici, il n'y a pas de problème.

On va faire un test : vous êtes en train de lire ce livre. Avez-vous un problème en ce moment?

Vous pouvez me répondre oui, par exemple, je manque d'argent, ou mon enfant est malade ou je suis malade etc. J'en conviens, il y a des problèmes, mais en ce moment précis, malgré le manque d'argent ou la maladie, avez-vous un problème en CE moment? Eh bien, non, je crois que 99% du temps, il n'y a pas de problème, il n'y a que le train-train quotidien. Il est vraiment rare que nous vivions une tragédie. La plupart du temps, nous ne vivons que notre quotidien.

Si nous pensons à une tragédie, nous allons nous sentir mal, mais en réalité, il n'existe plus de tragédie en ce moment, car celle-ci s'est déroulée dans le passé.

Bref, la grande majorité du temps, il ne se passe rien de mal.

Vous pourriez dire : « Ce n'est pas vrai, j'ai une maladie chronique qui est toujours là, donc j'ai un problème en ce moment! » O.K., disons que vous souffrez du diabète, c'est une maladie chronique qui est donc présente en ce moment. Je vous repose la question : « Avez-vous un problème à cet instant? » Si vous faite ce qu'il faut pour maintenir votre glycémie à un bon niveau, vous n'avez pas de problème dans l'instant présent.

Vous voyez ce que je veux dire? En général, il n'y a pas de problème dans le moment présent et s'il y en a un, vous pouvez agir dans le seul moment où vous avez du pouvoir, c'est-à-dire dans le moment présent.

Alors, lorsque nous nous disons : « Reviens ici! » Nous risquons de nous retrouver dans la vie toute simple où il n'y a pas de problème.

Imaginez que vous vous sentez angoissé parce que vous pensez à un événement futur ou passé qui est précisément angoissant. En revenant ici, vous vous libérez de la prison de votre pensée. Vous pouvez vous désidentifier du contenu de votre mental.

L'enfer, c'est de croire nos pensées.

Nous avons environ 60 000 pensées par jour qui nous envoient dans toutes les directions. Si nous les croyons toutes, nous allons perdre notre paix et notre énergie à tous les jours.

Si nous ne gérons pas nos pensées, nous devenons victime de tous les drames qui y sont véhiculés.

En disant : « Reviens ici! » Vous revenez dans la réalité. Vous étiez peut-être en train de conduire, alors prenez une grande respiration et faite l'effort de bien sentir le volant et de bien regarder la route. Si vous étiez en train de prendre votre douche, prenez le temps de bien sentir l'eau chaude qui caresse votre corps ; si vous étiez en train de manger, portez attention à toutes les saveurs de votre plat.

Cette attention dans le moment réel permet de faire une coupure de quelques secondes dans le flux infernal de notre mental. Nous allons y retourner presque aussitôt et ces quelques secondes de pause peuvent paraitre bien peu. Détrompez-vous, cela représente une révolution, car vous avez réussi à percer une brèche dans le flot continu du mental. Vous venez de découvrir un ailleurs.

Vous venez aussi d'expérimenter une alternance de malaise, d'un bref instant de paix puis un retour vers le malaise. Ça aussi, c'est d'une importance capitale, car le cerveau voudra revivre cette pause salutaire parce qu'il vient d'y goûter.

Il est donc possible que plus vous allez expérimenter le « Reviens ici! », plus vous allez devenir intolérant au malaise du mental.

Vous allez donc revenir ici de plus en plus souvent dans une même journée créant ainsi plusieurs brèches dans la folie du mental. Chacune de brèche vous permet de prendre contact avec la réalité.

Un des commentaires généraux des mourants est qu'ils ont pris beaucoup trop de temps à s'en faire au cours de leur vie. Écouter son mental est le moyen parfait pour s'en faire à longueur de journée, sortir du mental en une sortie de secours qui nous donne de l'air frais.

En fait, on cherche la paix, mais elle est toujours là, disponible dans le présent juste en dessous de nos pensées produites par notre mental; il s'agit juste de revenir dans l'instant pour y goûter.

Ces cours instants ne semblent pas de grande valeur, car nous croyons que nous aurons la paix dans le futur lorsque nous aurons atteint de grandes réalisations.

En fait, la paix est juste là. Prendre un temps d'arrêt va vous permettre de la ressentir. Au début, le mental ne verra que du vide. À force d'y revenir, vous allez vous rendre compte que ces moments de vide sont en fait remplis de vie, de joie et de paix.

Une vieille légende parle du moment où les dieux se demandaient où se cacher afin que l'Homme ne les trouvent jamais. En haut de la plus haute montagne, dit l'un. Non, dit un autre, un jour les Hommes trouveront un moyen d'emmener de l'oxygène avec eux et d'atteindre ces sommets. Au plus profond des océans, dit encore un autre. On lui répond que l'Homme finira par construire une machine qui pourra atteindre les profondeurs des océans. J'ai trouvé, dit l'un d'eux, nous allons nous cacher à l'intérieur de son cœur. Il cherchera toujours à l'extérieur et il ne nous trouvera jamais.

On cherche toujours la paix ailleurs ou plus tard. Il est possible qu'elle soit tellement proche de nous que nous ignorions sa présence, là, tout près de nous. L'accès à la paix a toujours été là. On y a eu accès en tant qu'enfant, mais la vie d'adulte nous a appris à lutter et devenir sérieux ce qui nous a coupé d'un lien puissant : le présent.

Table des matières